JOHANN KÖNIG

Familie macht glücklich

Weitere Titel des Autors:

Kinder sind was Wunderbares.
Das muss man sich nur IMMER WIEDER sagen

Titel auch als Hörbuch erhältlich

Johann König

Familie macht glücklich

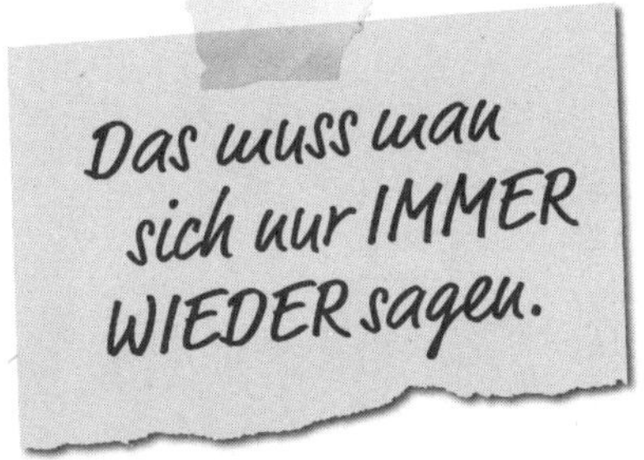

Mit Illustrationen von Oliver Weiss

Lübbe LIFE

Dieser Titel ist auch als Hörbuch und E-Book erschienen

Die Bastei Lübbe AG verfolgt eine nachhaltige Buchproduktion. Wir verwenden Papiere aus nachhaltiger Forstwirtschaft und verzichten darauf, Bücher einzeln in Folie zu verpacken. Wir stellen unsere Bücher in Deutschland und Europa (EU) her und arbeiten mit den Druckereien kontinuierlich an einer positiven Ökobilanz.

Originalausgabe

Autor: Johann König, Kontakt: www.johannkoenig.com
Mitarbeit: Jana Runde
Textredaktion: Ulrike Strerath-Bolz, Friedberg
Illustrationen im Innenteil: Oliver Weiss
Covergestaltung: KURSIV Oliver Forsbach, Melanie Knaus
Cover-Foto: Marcus Müller-Saran
Titelillustrationen: © iStockphoto
Satz: two-up, Düsseldorf
Gesetzt aus der Optima
Druck und Verarbeitung: GGP Media GmbH, Pößneck
Printed in Germany
ISBN: 978-3-404-61745-6

1 3 5 4 2

Sie finden uns im Internet unter luebbe-life.de
Bitte beachten Sie auch: lesejury.de

Für Theda

Inhalt

Kapitel 1 **Ahnung auf der Autobahn** 9

Kapitel 2 **Alle gesund mit Katze und Hund** 14

Kapitel 3 **Welches Tier passt zu mir?** 25

Kapitel 4 **Tierlos in die Abgeschiedenheit** 28

Kapitel 5 **Privilegiert, aber nicht relevant** 37

Kapitel 6 **Holland in Not** 46

Kapitel 7 **Falschbucher-Rabatt** 50

Kapitel 8 **Weihnachten ist schön** 56

Kapitel 9 **Einsamer Jahreswechsel** 64

Kapitel 10 **Eislaufen statt Eis kaufen** 67

Kapitel 11 **Digital ist besser** 70

Kapitel 12 **In die Daunen gelockt: Lockdown-Kinder** 78

Kapitel 13 **Der Weg zum eigenen Huhn** 80

Kapitel 14 **Erinnerungen an ganz früher** 97

Kapitel 15 **Die Brut überwacht die Brut** 101

Kapitel 16 **Erwachen in der Dampfsauna** 103

Kapitel 17 **Von Schlüpfern und gespreizten Beinen** 105

Kapitel 18 **Hahn oder Henne?** 111

Kapitel 19 **Von der Realität eingeholt** 116

Kapitel 20 **Sommer in Frankreich, Hühner auch in Frankreich** 120

Kapitel 21 **Na, schon geimpft?** 137

Kapitel 22 **Alle Auftritte ganz hairvorragend** 145

Kapitel 23 **Sohnische Fragen** 153

Kapitel 24 **Huhn in Gefahr** 166

Kapitel 25 **Die Hoffnung stirbt zuletzt – aber sie stirbt** 174

Kapitel 26 **Querdenker treffen beim Querdenkertreffen** 178

Kapitel 27 **Last Christmas** 185

Kapitel 28 **Tortur auf Tour** 188

Kapitel 29 **Östern in Osterreich** 191

Kapitel 30 **Begegnungen in Köln, normale …** 208

Kapitel 31 **Poulets et vin et bonne humeur** 214

Danksagung 239

Kapitel 1

Ahnung auf der Autobahn

Jedes Jahr im Sommer fahre ich mit der Familie, beziehungsweise die Familie mit mir, wobei, ich bin ja Teil der Familie, also fahren wir, wir fünf, zwei Erwachsene und drei Kinder, in unser kleines Ferienhäuschen nach Frankreich. So auch in diesem zweiten Seuchenjahr. Wir waren ungefähr eine halbe Stunde unterwegs, als mir etwas auffiel. Eigentlich war alles wie immer. Aber irgendetwas war doch anders.

Langsam und schleichend machte sich eine außergewöhnliche sinnliche Erfahrung im Wagen breit. Eine Duft-Diffusion von hinten nach vorne. Eine olfaktorische Zuspitzung von nie da gewesener Intensität. Und ich bekam eine Ahnung vom Rest der Fahrt.

Was war los? Ganz einfach: Es roch von Minute zu Minute mehr und mehr nach Hühnerkacke. Ja, richtig gelesen. Nach Hühnerkacke. Wir hatten im Kofferraum des Bullis fünf lebendige Hühner verstaut, um sie mitzunehmen in den vierwöchigen Urlaub am Meer. Ja, herzlichen Glückwunsch! Oder, wie der Franzose sagt: Oh mon Dieu.

»Hühner haben in Frankreich eine ganz besondere Bedeutung«, referierte ich noch beim Packen.

»Wirklich?«

»Ja! Der Hahn ziert das Trikot der französischen Fußball-Nationalmannschaft. Und das Huhn ist den Franzosen heilig. Darum essen sie auch so viele davon. Man sagt dort zum Beispiel: Ich ess nun – ein Bresse-Huhn. Das ist in Frankreich ein geflügeltes Wort. Ein geflügeltes Wort, hahaha.«

Am meisten mögen mich die Kinder, wenn ich darüber Witze mache, dass Hühner gegessen werden. Aber wenn ich dann noch als Einziger schallend über meine eigenen Witze lache, dann kennt die Zuneigung keine Grenzen mehr. Ähnliches Wohlwollen signalisieren auch die Blicke meiner Frau. Sie besitzt das seltene Talent, nur eine Augenbraue hochziehen zu können. Und zwar ohne dass sich sonst irgendetwas im Gesicht verzieht. Dieses Zeichen verrät mir: Mehr davon, du Spacko, und wir kriegen Probleme.

Probleme im Urlaub? Nein, danke. Wobei Urlaub natürlich die komplett falsche Begrifflichkeit für unsere Unternehmung ist. Wenn man mit drei Kindern und fünf Hühnern für vier Wochen in ein Sechzig-Quadratmeter-Häuschen nach Frankreich fährt, dann ist das doch eher ein Umzug. Ja, man könnte sagen: Wir ziehen jedes Jahr für vier Wochen ins Ausland. So ist es richtig. Drei Kinder. Fünf Hühner. Vier Wochen. Interessant. Drei mal fünf mal vier ist genau sechzig. Also die Quadratmeterzahl des Hauses. Ist das Zufall? Egal.

Wir waren nun eine halbe Stunde unterwegs und die Stimmung wurde … sagen wir mal: gesprächiger.

»Boah, das stinkt aber.«

»Wir können ja das Fenster aufmachen.«

»Dann funktioniert die Klimaanlage nicht mehr.«

»Die Fenster bleiben zu.«

»Ja, da müssen wir jetzt durch.«

»Oh, Menno! Das halte ich aber nicht aus.«

»Genau deshalb war ich gegen die Hühner.«

»Und warum isst du dann ihre Eier, Papa?«

»Ja, genau.«

»Weil das immer Arbeit bedeutet.«

»Das Eier-Essen?«

»Das Hühner-Halten natürlich.«

»Aber wir machen doch alles.«

»Ja, jetzt vielleicht noch. Aber wie alt werden die? Sechs Jahre? Sechs Jahre! Glaubt ihr, in sechs, ach, in vier Jahren hat von euch noch einer Bock, sich um die Viecher zu kümmern?«

»Na klar.«

»Was denkst du denn?«

»Außerdem werden die eher zehn Jahre alt, Papa.«

»Ihr habt doch keine Ahnung.«

»Doch. Das stimmt. Zehn Jahre.«

»Ich meine, ihr habt keine Ahnung davon, was die Pubertät mit euch machen wird.«

»Wir werden uns schon kümmern.«

»Da verschieben sich die Interessen.«

»Außerdem haben wir abgestimmt. Ganz demografisch. Das war eindeutig.«

»Demokratisch heißt das. Demo…«

»Vier gegen einen.«

»Jaja.«

»Du hattest keine Chance.«

»Da musst du den Kindern recht geben.«

»Fall du mir jetzt auch noch in den Rücken.«

»Jetzt übertreib mal nicht.«

»Wisst ihr eigentlich, dass wir jetzt in jeden kommenden Schulferien nur zwei Möglichkeiten haben?«

»Wieso nur zwei?«

»Was denn für Möglichkeiten?«

»Entweder, wir finden einen, der sich zu Hause um die Tiere kümmert, oder wir müssen sie mitnehmen.«

»Ja, und?«

»Dann nehmen wir die eben immer mit.«

»Ja! Yippie!«

»Und wenn wir mal irgendwohin fliegen wollen?«

»Wir wollen nicht mehr fliegen. Haben wir doch schon gesagt. Wegen dem Klima.«

»Wegen *des* Klimas.«

»Genau. Wegen der Umwelt.«

»Aber vielleicht will ich mal irgendwohin fliegen.«

»Wohin denn?«

»Einfach nur ganz weit weg.«

»Und was willst du da machen?«

»Fleisch essen. Von morgens bis abends.«

»Papa will wegfliegen und Fleisch essen.«

»Umweltsau!«

»Eine dritte Möglichkeit gäbe es noch.«

»Was denn, Mama?«

»Na, dass wir in den Ferien die Hühner verleihen.«

»Gute Idee.«

»Nein, blöde Idee. Die Hühnis kommen jetzt immer mit.«

Entnervt gab ich auf. Der Irrsinn hatte gewonnen. Ich saß am Steuer des Tourbusses und starrte nach vorne, während ich mehr und mehr versuchte, durch den Mund zu atmen. Was war hier los? Was taten wir hier? Wie hatte es so weit kommen können? Was war schiefgelaufen in den letzten Jahren, dass wir fünf Stadtmenschen jetzt mit fünf Bauernhoftieren in den Urlaub fuhren? Wo waren wir falsch abgebogen? Wer hatte wo nicht aufgepasst, nicht interveniert? Sich von Gefühlen leiten lassen? Nicht Nein sagen können? Ich wusste es nicht mehr. Was ich aber sehr wohl wusste: Vor vier Jahren, also lange vor der Seuche, war noch alles in bester Ordnung gewesen.

Kapitel 2

Alle gesund mit Katze und Hund

Wir waren eine Bilderbuchfamilie. Voller Harmonie und Verständnis. Die Eltern pädagogisch ohne Fehl und Tadel. Die Kinder völlig normal und unauffällig.

Der damals zehnjährige Sohn zum Beispiel war ein Ausbund an Kreativität und Mutterwitz. Fleißig in der Schule und hilfsbereit im Haushalt. Er redete zwar nicht viel, las dafür aber umso mehr. Allerdings las er ausschließlich Comics. Und wenn er mal sprach, dann sprach er eher in Geräuschen mit uns. In Comic-Geräuschen, auch Inflektive genannt.

Ein Beispiel. Wenn ich ihn höflich fragte: »Kannst du mal bitte deinen Teller in die Küche bringen?«, dann gab's kein Weglaufen. Kein Augenverdrehen. Kein *Mach doch selber, Alter*. Nein. Er überlegte kurz. Und sagte dann laut und deutlich: »Argh! Grummel, grummel.«

Und dann nahm er den Teller und redete weiter: »Ächz. Stöhn. Trappel wetz, trappel wetz, trappel wetz. Hechel keuch, hechel keuch. Uff. Puh. Flitz.«

Das war originell. Das war geistreich. Das war einfach sehr, sehr schön. Solange man persönlich nicht dabei war. Und es wirkte gleichzeitig auch ein bisschen ansteckend. Als er mich einmal fragte: »Papa, kann ich bald mal mehr Taschengeld kriegen?«, da schaute ich ihn an und sprach:

»Argh! Grummel, grummel. Grübel, grübel. Trappel wetz, trappel wetz, flitz.«

Die Mittlere, damals acht Jahre alt, war ebenfalls schwer in Ordnung. Sie hatte klare Vorstellungen vom Leben und ihre eigenen Methoden, um diese durchzusetzen. Einmal sagte sie sehr bestimmt: »Wenn ich kein Handy kriege, dann ziehe ich zu Ellena!« Sie drohte uns also damit, zu ihrer Freundin zu ziehen, wenn sie kein Mobiltelefon bekommt. Wie cool ist das denn? Eine so starke Verbindung zu einem anderen Kind! Das ist echte Mädchenfreundschaft. Und meine Frau, wie sie so ist, wollte sie darin bestärken. Und sagte kurz und knapp: »Okay, pack deine Sachen, wir haben gerade mit ihren Eltern gesprochen, das geht klar.« Die anschließende Pause und den ungläubigen Blick meiner Tochter werde ich nie vergessen. Herrlich!

Die Jüngste, zum beschriebenen Zeitpunkt vielleicht

sechs Jahre alt, wollte eine Zeitlang Prinzessin werden beziehungsweise sich so anziehen. Ich überlegte sofort, was gegen diesen albernen Wunsch helfen könnte. Und nach kurzer Recherche zeigte ich ihr auf meinem Rechner ein Foto vom damals berühmtesten Prinzen der Erde, von Prinz Charles. Und damit war dieses Thema erledigt.

In Erziehungsfragen sind meine Frau und ich schon immer eine Linie gefahren. Zuhören, Verständnis zeigen, auskontern. Auch gut gemeinte Ratschläge aus Elternzeitschriften sahen wir gleichermaßen kritisch. Dort wird zum Beispiel immer wieder empfohlen, dass man Quality Time verbringen soll. Mit dem Kind! So stand es da. *Unser Tipp: Verbringen Sie Quality Time mit Ihrem kleinen Schatz*. Jetzt mal ganz langsam. Quality Time ist Englisch und bedeutet: Time with Quality. Was wir bei diesem Tipp nicht berücksichtigt sahen, war die Tatsache, dass die Quality der Time durch die Anwesenheit des Childes natürlich per se gemindert wird. Die beste Quality Time haben wir immer noch allein.

Neben den drei Kindern lebte noch eine rothaarige Mieze bei uns, die ich höchstpersönlich vor Jahren als sechs Wochen altes zuckersüßes angebliches Kätzchen aus einer illegalen Zucht befreit hatte beziehungsweise herausgekauft beziehungsweise emotional verführt, für viel Geld teuer bezahlt hatte und die nun ein unförmiger, verfressener Kater namens Hekto-Pascal war. Ein wetterfühliges Tier mit borstigem Fell.

Die eindringlichste und fragwürdigste assoziative Verbindung zwischen den Kindern und der Katze hatte in dieser Zeit meine Frau zu bieten, die einmal sagte: »Wenn ich sehe, wie sich dieser fette Kater mühsam durch die Katzenklappe quetscht … dann muss ich irgendwie immer an die Geburten der Kinder denken.« Schönes Bild.

Dann passierte etwas, was man in unserem Umfeld häufiger beobachten kann: Wenn das letzte Kind mit dem Erreichen des Grundschulalters einen großen Schritt in Richtung Eigenständigkeit getan hat und ein weiteres Kind nicht mehr realistisch erscheint, dann stellt sich bei der Frau im Haus manchmal der Wunsch nach neuartigen Erziehungs-, Versorgungs- und Beschützungsaufgaben ein. So auch bei uns im Haus, wo ich eines Nachmittags hinterrücks von ihr angesprochen wurde.

»Hast du gesehen? Die Frickes haben jetzt einen Hund.«

»Aha.«

»Und? Was denkst du?«

»Selber schuld.«

»Ach komm, der ist doch wirklich süß.«

»Süß? Noch. Warte mal ab, bis der ausgewachsen ist.«

»Der wird nicht so groß.«

»Wer's glaubt.«

»Kniehoch. Höchstens.«

»Von mir aus.«

»Was hältst du eigentlich von einem Hund?«

»Nichts.«

»Ich meine ganz allgemein.«

»Ich mag Hunde nicht.«

»Auch nicht so kleine?«

»Du meinst so kleine Kläffer wie von der Alten gegenüber?«

»Guck mal hier.«

»Was ist das?«

»Das ist eine Seite für Hundevermittlungen aus dem Ausland.«

»Willst du mir gerade irgendwas sagen? Durch die Blume?«

»Guck dir den mal an. Ist der nicht süß?«

»Süß? Keine Ahnung. Ist halt ein Hund.«

»Die haben mir auch schon einen kleinen Film geschickt. Hier. Guck mal.«

»Was?«

»Hier kann man sehen, wie er sich bewegt. Schau. Wie er läuft.«

»Richtig gut. Läuft einwandfrei geradeaus. Knickt nicht um. Fällt nicht zur Seite.«

»Sehr witzig.«

»Aber sag mal, das heißt, du bist bereits in Kontakt mit denen?«

»Ich habe mir einfach mal ein paar Infos schicken lassen über den.«

»Wie alt ist der denn?«

»Die schätzen den auf sieben Monate.«

»Sieben?«

»Ja, sieben.«

»Du weißt schon, dass das keine gute Zahl ist.«

»Häh?«

»Die sieben Todsünden. Ein Buch mit sieben Siegeln.«

»Häh. Und was ist mit … den sieben Zwergen?«

»Sieben Tore hat die Unterwelt.«

»Sieben Weltwunder.«

»Schlange mit sieben Köpfen.«

»… Gold sieben.«

»Häh?«

»Du spinnst doch. Du willst doch nur ablenken. Guck ihn dir doch mal richtig an. Das ist echt ein Kämpfer. Der stand irgendwann nachts ganz ausgehungert vor den Toren eines Tierheimes in Jassy.«

»Wo ist das?«

»In Rumänien.«

»Ja, und?«

»Verstehst du nicht? Der wusste, hier ist ein Tierheim. Hier kann mir geholfen werden. Ist doch irgendwie ganz schön intelligent, oder?«

»Aber was hab ich damit zu tun?«

»Die könnten den mit dem Flieger rüberschicken.«

»Wieso? Wollen die Frickes noch einen?«

»Du bist doof. Zu uns natürlich. Die Kinder fänden das super.«

»Du hast auch schon mit den Kindern gesprochen?«

»Ja, gestern. Die freuen sich total.«

»Aber … das … was … warum …?«

»Sie sagten, ich sollte schnell mit dir sprechen.«

»Schnell?«

»Na ja, dann könnte er schon in vier Wochen hier sein.«

»Auf gar keinen Fall!«

»Warum denn nicht?«

»Weißt du, was das bedeutet? Ein Hund? Jeden Morgen raus. Jeden Abend raus. Die Scheiße einsammeln. Einen Schlafplatz finden. Du bist ja total verstrahlt.«

»Das haben wir alles schon geklärt. Der schläft einfach …«

»Das ist ja schön für euch, dass ihr das geklärt habt. Aber ich …«

»Schau, du hast deine Katze. Da warst du auch total

verstrahlt. Ich war dagegen, und dann hast du abstimmen lassen. Alle Kinder und du waren dafür. Genauso machen wir es jetzt auch.«

»Das habt ihr ja gefickt eingeschädelt.«

»Was haben wir?«

»Das habt ihr ja geschickt eingefädelt, herzlichen Glückwunsch. Aber das eine sage ich euch: Der Hund kommt nur unter einer Bedingung. Und die Bedingung ist, dass ich nie im Leben seine Haufen wegmachen muss. Und wenn du jetzt sagst, das ist gemein, dann sage ich: Tja, c'est la vie, mon chérie.«

»Wenn, dann ma chérie.«

»Häh?«

»Aber das war uns doch klar. Dass das deine Bedingung sein wird.«

»Ach.«

»Na sicher. Wir kennen dich doch jetzt auch schon eine Weile.«

»Soso.«

»Du bist also einverstanden?«

»Ich … kann ich vielleicht noch eine Nacht …«

»Kinder, ihr könnt reinkommen, Papa ist einverstanden.«

»JAAAAAAAAAAAAAAAAAAAAA!!!!!!«

»Papa, du bist der Beste. Wir lieben dich!«

Ja, so war das. Oder so ähnlich. Ich wurde einfach überrumpelt. Mit einer wirklich miesen Taktik. Einer Taktik, die mir irgendwie bekannt vorkam. Zuhören, Verständnis zeigen, auskontern. So fühlt sich das also an. Verstehe.

Ein paar Wochen später war der Hund dann tatsächlich bei uns. Wir holten ihn am Flughafen ab. Denn er kam mit dem Flugzeug. Wie auch sonst? Er war ein … ein Borderline-Collie. Ein Borderline-Collie aus Rumänien. Mit großer Angst vor Männern. Vermutlich hatte er in Rumänien schlechte Erfahrungen mit Männern gesammelt. Die Ereignisse rund um diese Familienerweiterung habe ich damals in einem kleinen Tagebuch notiert. Das Tagebuch heißt:

Das vierte Kind hat Fell

14. Juli

Es ist entschieden. In drei Wochen kommt eine Alliteration zu uns. Ein braun-beiger Bello aus Bukarest. Bingo. Meine Frau betrachtet ihn auf dem Foto: »Schau mal«, sagt sie. »Dann haben wir neben der Katze auch noch ein hübsches Tier.«

Nun steht die Namensfindung an. Meine erste Idee, *Elfmeter*, wird leider abgelehnt. Schade! Ich fand die Vorstellung sehr reizvoll, dass meine Frau hektisch durch den Park läuft und ruft: Elfmeter! Elfmeter!

Mein Sohn schlägt daraufhin *Polizei* vor. Endlich ein vernünftiger Vorschlag.

Meine Frau sagt, dann könnten wir ihn ja gleich *Hilfe* nennen.

Auch gut. Ich stelle mir einen Dialog im Park vor:

»Hilfe, Hilfe!«

»Was ist denn?«

»Ich suche meinen Hund.«

»Wie heißt der denn?«

»Hilfe!«

Wir vertagen die Entscheidung auf den Tag seiner Ankunft.

Samstag, 4. August, 10 Uhr

Hurra, Hurra, der Hund ist da. Er wird der Reihe nach von allen geherzt und reagiert freundlich. Als ich dran bin, macht er eine Ausnahme, duckt sich weg, knurrt, läuft rückwärts und trampelt auf der Katze herum. Hekto-Pascal reagiert angemessen und verbeißt sich in des Hundes Hinterlauf. Der Hund jault auf, will hinterher und bleibt mit der Schnauze in der Katzenklappe hängen. Alle lachen. Weil der Hund von hinten so ähnlich aussieht wie von vorne, fällt uns auch ein passender Name ein: Wir nennen ihn *Rektus*.

Sonntag, 5. August, 12.30 Uhr

Bin mit dem Hund an der Leine und der Kleinen – ohne Leine – im Garten und versuche, beide liebevoll anzuschauen. Auf einer Mauer sitzt Hekto-Pascal und streckt dem Hund die Zunge raus. Der sieht das und rennt wie geisteskrank auf ihn zu. Die lange Stoffleine, die gerade noch in meiner Hand ruhte, schmirgelt mir dabei die Handinnenfläche so auf, dass es leicht nach Gegrilltem riecht. Ich packe mit beiden Händen fest zu. Die jetzt plötzlich gespannte Leine reißt zunächst der Kleinen die Beine weg, die gerade einen Kakao in sich hineinschütten wollte, und verursacht dann beim Hund eine abrupte Halsbremsung, auf die ein gekonnter Salto rückwärts folgt. Hekto-Pascal fällt vor Lachen die Maus aus der Tatze. Meine Frau kümmert sich sogleich um das Kind, die Mittlere kümmert sich um den Hund, und der Große rennt in den Garten und sagt: »TRAPPEL WETZ, TRAPPEL WETZ, trappel wetz. Hechel keuch, hechel keuch. SCHNUPPER, SCHNUPPER … Häh, grillen wir?«

6. August, 15 Uhr

Bin mit den Kindern und dem Hund im Park. Da setzt der Hund einen beeindruckenden Haufen in die Mitte der Wiese. Ich denke nach. Im Winter mit eiskalten Fingern ist es bestimmt eine Wohltat, die warme Kacke einzusammeln. Aber jetzt … Außerdem haben wir kein Plastiktütchen dabei. Also stecke ich einen großen Stock neben das Machwerk, damit meine Frau es später besser findet und wegmachen kann.

19 Uhr

Wir sitzen am Abendbrottisch, und alle sind schwer überdreht. Es wird gekleckert, gekrümelt, gefurzt und gerülpst. Und die Kinder benehmen sich auch nicht besser. Ich stehe auf, trete dabei aus Versehen auf den Hund und schütte vor Schreck ein Glas Kakao um. Während ich den Rotz wieder aufwische, sagt der Große: »SCHRUBB SCHRUBB.« Dann schmiert die Kleine Schokocreme auf meine kahle Stelle am Hinterkopf. »Jetzt hast du da endlich kein komisches Loch mehr, Papa«, sagt sie. Wir schauen uns an. Hassliebe durchströmt meinen Körper. Allerdings ohne Liebe. »Papa, wenn du sauer bist, dann siehst du ein bisschen so aus wie Prinz Charles.« Ich nehme sie liebevoll in den Schwitzkasten und schütte ihr etwas Honig in die Haare. Das anschließende Geheule bringt ihr und meiner Frau eine halbe Stunde Quality Time ein.

Ja, so war das. Oder so ähnlich. Übertreibungen gehören ja eigentlich nicht zu meinem Geschäftsmodell. Aber hier vielleicht schon.

Das Zusammenleben mit Hund und Katze war auf jeden Fall sehr, sehr schön. Es endete aber leider äußerst traurig. Im Dezember 2019 machte sich die Gewissheit breit, dass nicht nur Laktose und Weizen, sondern auch die Tierhaare in der Wohnung ursächlich waren für die großflächigen Allergiesymptome bei einem der Kinder. Die Tiere mussten das Haus verlassen. Hekto-Pascal kam zu meiner Mutter nach Soest, Rektus zu meinem Cousin nach Lippstadt. Dort wussten wir sie gut aufgehoben. Und dennoch tat es sehr weh.

Kapitel 3

Welches Tier passt zu mir?

Und nun? Ein Kinderhaushalt ohne Tiere? Geht das denn? *Auf jeden Fall*, dachte ich. *Man muss nur hart bleiben*. Natürlich gab es Wünsche der Kinder.

»Der Leon hat Mäuse.«

»Na und?«

»Ich will auch Mäuse.«

»Warum?«

»Mäuse sind cool. Die vergessen nach ungefähr dreißig Minuten, wer zu ihnen gehört, und greifen den dann an. Obwohl es ihr Freund ist. Oder Bruder.«

»Also genau wie bei euch.«

»Sehr witzig.«

Ich informierte mich im Netz über Mäuse und las laut vor: »Mäuseweibchen können sechs- bis achtmal pro Jahr Nachwuchs bekommen. Ein einziges Mäusepärchen kann somit innerhalb eines Jahres mit Kindern, Enkeln und Urenkeln für eintausendzweihundert Nachkommen sorgen.«

»Ja! Dann können wir die Nachkommen verkaufen!«

»Auf gar keinen Fall kommen mir Mäuse ins Haus.«

»Ach, Papa. Dann brauchen wir auch kein Taschengeld mehr.«

»Sag du doch auch mal was.«

»Mäuse sind schon lustig.«

»Was? Lustig? Aber … ihr habt doch mich.«

»Sehr witzig.«

»Ja, Mama will auch Mäuse.«

»Na ja. Oder … was ist denn mit Hamstern?«

»Ach, Mama.«

»Paul hat Hamster.«

»Ja, und?«

»Die wollen die wieder abgeben, weil die den ganzen Tag schlafen. Und wenn man die weckt, dann sind sie müde und sauer. Und dann ist Paul immer nachts aufgestanden und hat mit denen gespielt, und dann war Paul morgens immer müde und sauer.«

»Ach.«

»Och, Menno.«

»Was gibt es denn noch?«

»Kaninchen?«

»Jakob hatte Kaninchen.«

»Ja? Und?«

»Und dann hat eines die Sternguckerkrankheit bekommen.«

»Was ist das?«

»Die Hinterbeine waren plötzlich gelähmt, und dann wurde das Kaninchen taub und blind und ist nur noch wie bescheuert im Kreis rumgelaufen.«

»Und dann?«

»Und dann haben die das eingeschläfert.«

»Oh. Oje.«

»Also lieber keine Kaninchen. Wie wäre es denn mit …«

»Schildkröten!«

»Ja. Babyschildkröten. Noah hat welche.«

»Jaha, und die Mutter hat erzählt, dass seine kleine Schwester mal eine Schildkröte in den Mund genommen hat und dann zwei Tage lang Durchfall hatte.«

»Warum das denn?«

»Weiß ich nicht mehr.«

»Hat die ihr in den Mund gekackt, Mama?«

»Wahrscheinlich.«

»In den Mund gekackt, hahaha.«

»Äh, ich geh mal aufs Rudergerät.«

»Was?«

»Papa geht rudern.«

»Rudern!«

»Rudern. Rudern. FISCHE. Wir können Fische kaufen. Bunte, süße Fischchen …«

Lange Zeit gelang es uns, alle Forderungen nach tierischen Mitbewohnern erfolgreich abzuwehren. Oft mit der Macht des stärkeren Arguments. Noch öfter aber durch eine sture und stumpfe *Jaja-wir-gucken-mal*-Taktik.

Kapitel 4

Tierlos in die Abgeschiedenheit

Und dann kam die staatlich angeordnete Isolation. Als im März die Maßnahmen für den ersten bundesweiten Lockdown beschlossen wurden, wussten wir sofort, was zu tun war. Wir packten unsere sieben Sachen und fuhren raus in unser Wochenendhäuschen im Bergischen Land. Es ist ein altes Fachwerkhaus, hat über achtzig Jahre auf dem Dach, zwei Öfen, einfach verglaste Fenster, keine Heizung und viel Wald und Wasser drumherum. Es wurde beim Immobilienanbieter nicht als Schrott-, sondern als besondere Immobilie angepriesen. Und das war es wirklich.

Wir bestellten Feuerholz und Briketts für mehrere Monate und richteten uns ein. Es begann eine Zeit, die ich nie vergessen werde. Morgens wurde als Erstes mit der restlichen Brikettglut ein neues Feuer entfacht, um die alte Butze auf Temperatur zu bringen.

Und dann? Keine Ahnung. Von wegen: eine Zeit, die ich nie vergessen werde. Ich habe fast alles vergessen! Was ich noch weiß: Die drei Säulen unseres späteren Lebens existierten damals noch nicht. Es gab keine Tests. Keine Impfung. Und keinen Online-Unterricht.

Ein Aufleben der Erinnerungen gelingt wieder nur durch alte Tagebucheinträge aus dieser Zeit.

7.53 Uhr

Wir frühstücken. Was um diese Uhrzeit völlig sinnlos ist, wenn alle nachfolgenden Aufgaben wegfallen. Wir sind drei Kinder ohne Schule und zwei Eltern ohne systemrelevante Berufe. Ja, herzlichen Glückwunsch! Warum stehen wir so früh auf? Ich gehe hoffnungsvoll davon aus, dass der schulisch geprägte Biorhythmus unsere Körper bald verlassen wird.

9.27 Uhr

Ein Bekannter schreibt etwas in der WhatsApp-Gruppe: »War gerade im Supermarkt. Der totale Wahnsinn. Alles leergeplündert. Alle voll aggro. Es ist wie im Krieg, sage ich euch.«

Ich schreibe zurück: »Das stimmt. Ich war auch gerade einkaufen. Alles genau wie im Krieg. Zwar ohne Militär und ohne Panzer, ohne Mord und Totschlag, ohne Vertreibung und Vergewaltigung. Aber sonst, da gebe ich dir recht, alles genau wie im Krieg. Guter Vergleich :)«

9.29 Uhr

Es läuft eine Abstimmung darüber, ob ich die WhatsApp-Gruppe verlassen soll. Weil ich »den Ernst der Lage« … »offensichtlich nicht ernst nehme«. Ich überlege, mich bei der Abstimmung zu enthalten.

9.45 Uhr

Die Kinder fragen, ob wir heute ins Schwimmbad gehen. »ÄHHHH, nein«, sage ich. »Das ist strengstens verboten.«

9.46 Uhr
Die Kinder fragen, ob sie auf den Spielplatz können. »ÄHHHH, nein«, sage ich. »Das ist strengstens verboten.«

9.47 Uhr
Die Kinder fragen, ob wir ins Eiscafé gehen. »Ja«, sage ich, »eine sehr gute Idee!«

»Ja? Wirklich? Yippie. Wir gehen Eis essen. Hurra! Papa ist der Beste.«

»Das war ein Scherz, mein Gott!«, schreie ich. »Es ist doch alles geschlossen, hört ihr denn keine Nachrichten? Über was reden wir denn hier seit Wochen, ist doch nicht zu fassen.«

10.07 Uhr
Jemand schreibt in der WhatsApp-Gruppe, dass man in der jetzigen Situation endlich mal wieder Quality Time mit der Familie verbringen kann. Ich schreibe zurück, dass ich vermutlich ein »anderes Verständnis von zeitlicher Qualität« habe. Und erhalte keine Reaktion.

10.32 Uhr
Die Kinder fragen, ob sie was gucken können. Meine Frau sagt: »Ja, klar. Ihr könnt jetzt alle drei zusammen zwei Stunden lang hier … in den Wald gucken.« Ich pruste vor Lachen meinen Kaffee auf den Laptop. »Pass doch auf«, schnauze ich sie an. »Du kannst doch nicht ernsthaft solche Witze machen, während ich hier Kaffee trinke!«

12 Uhr

Wir haben uns getrennt. Aber nur räumlich. Ich sitze mit dem Sohn in der Küche, der Rest … interessiert mich nicht. Und sitzt vermutlich im Wohnzimmer.

In der Küche laufen die Radionachrichten. Ich höre *mit einem Ohr zu,* wie Van Gogh sagen würde. Das Roland-Koch-Institut empfiehlt, so richtig dolle zu Hause zu bleiben für die nächsten Wochen.

»Wer ist eigentlich dieser Roland Koch?«, fragt mein Sohn.

»Nun«, sage ich, »Roland Koch, der war lange in der CDU in Hessen, wurde später von Bundeskanzler Merkel weggemobbt, und jetzt versucht er sich als Virologe mit eigenem Institut.«

»Aha«, sagt der Sohnemann. Und geht.

12.24 Uhr

Ich versuche, meinem Sohn die Grundproblematik der aktuellen Situation kindgerecht näherzubringen. »Pass auf. Vier von fünf befallenen Menschen bleiben komplett symptomfrei. Das sagen zumindest Robert und Roland Koch. Und nun versucht man die Frage zu klären, ob ein Mensch mit dem Virus infiziert ist oder nicht, indem man bei ihm die Temperatur misst. Das ist so, als würde ein Blinder die Frage klären, ob du lieber mit Lego oder mit Playmobil spielst, indem er deine Schuhgröße misst.«

»Aha«, sagt der Sohnemann und setzt sich Kopfhörer auf.

13.33 Uhr

Einer aus der WhatsApp-Gruppe schreibt, ich würde verbreiten, dass die Koch-Brüder blind sind. Ich verlasse die Gruppe. Freiwillig. Bevor sie mich rausschmeißen. Ich alter Fuchs.

15 Uhr

Ich räume die Küche auf, meine Frau den Rest, und die Kinder sind draußen und spielen seit einer ganzen Stunde friedlich am Teich hinterm Haus. Dann nähert sich etwas Weinendes der Hintertür.

»Was ist denn los?«

»Der hat mir Froschlaich in die Kapuze getan.«

»Ja? Oh. Das ist aber fies.«

»Und dann hat er Wasser da reingeschüttet. In die Kapuze.«

»Warum das denn?«

»Weil er meinte, dass die sonst sterben. Wenn die kein Wasser mehr haben.«

»O nein.«

»Und jetzt ist meine ganze Jacke nass.«

»Das geht nicht! Wo ist er?«

»Ich habe ihn in den Teich geschuppst.«

»WAS???«

»Der ist total nass.«

»Und jetzt?«

»Jetzt kommt er nicht mehr raus, weil das so sumpfig ist.«

»O nein.«

»Und ich soll euch holen, Papa.«

»Okay.«

»Und ihr sollt euch beeilen.«

»Argh. Trappel wetz. Trappel wetz.«

16 Uhr

Ähnliche Situation wie vor einer Stunde: Ich suche Süßkram, meine Frau macht Kaffee, und die Kinder sind draußen und spielen friedlich am Teich hinterm Haus. Dann nähert sich etwas Weinendes der Hintertür.

»Warum weinst du denn?«

»Meine Lippen brennen.«

»Was ist denn passiert?«

»Nichts.«

»Wie, nichts? Was hast du denn gemacht?«

»Sag ich nicht.«

»Was hat sie gemacht?

»Sie hat ...«

»Nicht sagen.«

»Was habt ihr denn da?«

»Sie hat den Feuersalamander geküsst.«

»WAS? Warum?«

»Weiß ich nicht.«

»Ist der nicht giftig?«

»Ja. Darum brennt das ja auch so.«

»Aber warum hast du das denn gemacht?«

»Der sah so schön aus.«

»Aber du dachtest nicht, dass er ein verwunschenes Irgendwas ist?«

»Ein verwunschener BVB-Fan!«

»Och Papa!«

»Kannst *du* dich mal um den Kaffee kümmern?«

»Warum?«

»Das war keine Frage.«

22 Uhr

Die Kinder schlafen, meine Frau weint, Quatsch, liest, und ich gucke eine Sondersendung nach der anderen.

In einem Straßeninterview fragt ein besorgter Bürger: »Wenn man dat Firrus schon hatte, kann man sisch danach noch mal neu identifizieren? Oder is man dann renitent?« Eine gute Frage, denke ich.

22.44 Uhr
Die Nachrichtenfrau sagt, dass die Erotikmesse abgeblasen wird. Mir schwappt vor Lachen der Rotwein auf die Jogging-Buxe. So etwas ist mittlerweile genau mein Humor.

Ja, so war das. Oder so ähnlich. In dieser Art vergingen die Tage. Unwirklich und zäh. Man könnte auch sagen, die Tage vergingen wie im Fluch. Für mich und meine Frau als liebes Paar und als Liebespaar war diese Zeit eine extreme Herausforderung. Sie machte eine komprimierte und permanente Erweiterung unserer elterlichen Zuständigkeitsbereiche zwingend nötig. Unaufgefordert übernahmen wir alle anstehenden Aufgaben. Wir waren Köche und Kellner. Animateure und Tierärzte. DLRG und THW. Psychologen und Pfleger. Eltern und Erzieher. Halt- und Strukturgeber. Clowns und Helden. Was für ein Wahnsinn. Und jetzt stellen wir uns diese Aufzählung auch noch gegendert vor. Viel Vergnügen.

Was wegfiel, war einzig der Job der Chauffeurin beziehungsweise des Chauffeurs oder, wie es auch heißen könnte, der des oder der Chauffierenden, wobei chauffierend immer nur derjenige ist, der im Moment chauffiert, was also nicht auf einen Chauffeur zuträfe, der gerade an einen Baum pisst, oder auf eine Chauffeurin, die sich gerade eine Yogamatte zusammenfilzt, um einfach noch ein bisschen Klischee-Salz in die Genderwunde zu streuen.

Rückblickend weiß ich: Dieser erste Lockdown war der schönste! Auch wenn es hier und da so klingt, als wäre es für uns eine permanente nervliche Grenzerfahrung gewesen, das war es gar nicht. Dafür war der zweite Lockdown da. Die bisher geschilderten Ereignisse sind zugunsten des Lesevergnügens immer wieder stark oder ein bisschen überspitzt dargestellt worden. Aber mir ist klar: Trotz aller Widrigkeiten haben uns die Wochen im Wald am Ende zusammengeschweißt. Aus der sicheren Abgeschiedenheit vom pandemiegeprägten Stadtleben, gepaart mit der Freiheit, ohne Vorsichtsmaßnahmen hinaus in die Natur zu können, aus diesen beiden Umständen entwickelte sich etwas Besonderes. Etwas, das gemeinschaftlich und urtümlich und im besten Sinne familiär war. Und sicherlich auch privilegiert.

Kapitel 5

Privilegiert, aber nicht relevant

Was beruflich aus dem ganzen Chaos folgte, war das genaue Gegenteil von privilegiert. Ich war unterprivilegiert. Weil nicht relevant. Nicht relevant fürs System. Mein Unwort des Jahres: Systemrelevanz.

Das plötzliche Berufsverbot machte mir schwer zu schaffen. Der Beruf ist für jeden Menschen mehr oder weniger identitätsstiftend. So auch bei mir. Er ist das, was mich zu großen Teilen ausmacht, ausfüllt und beglückt.

Dass meine Arbeit einmal eine Gefahr für andere Menschen darstellen könnte, war bisher undenkbar gewesen. Dabei ging es mir im Vergleich zu anderen Kollegen noch sehr gut. Ich hatte weiterhin Anfragen für Fernsehauftritte. Das waren kleine Lichtblicke, und ich war dankbar dafür. Auch wenn es sich ohne Publikum immer ein bisschen schal und sinnlos anfühlte. Wenn echtes Live-Publikum für den Rest meines Lebens verboten wäre, ich würde mir wohl einen anderen Beruf suchen. Waldpädagoge. Pilzzüchter. Oder Kapitän. Denn ich bin einfach gerne an der frischen Luft.

Ab Mai konnte ich dieses Bedürfnis beruflich stillen, denn ich arbeitete plötzlich nur noch draußen. Open-Air-Auftritte hatte ich in den letzten Jahren so gut es ging vermieden. Warum eigentlich? Jetzt wusste ich es wieder:

In Zons fuhr während des Auftritts gefühlt zehn Minuten lang ein Krankenwagen immerzu um das offene Auftrittsgelände herum. Selbstverständlich mit eingeschaltetem Martinshorn. Alles andere wäre zu unauffällig gewesen. Der Verletzte hatte sich offenbar sehr gut versteckt und wollte partout nicht gefunden werden. Vielleicht war es aber auch ein Brauch, mit dem der neue Rettungssanitäter eingeweiht wird. Ich werde es hoffentlich nie erfahren.

In München dongelte alle fünfzehn Minuten eine Kirchturmuhr, die praktischerweise im Auftrittsgelände des Deutschen Museums integriert war. Das Geräusch war so laut, dass ein Weiterreden – je nach Uhrzeit – für zehn bis zwanzig Sekunden zwecklos war. Kann sich irgendjemand vorstellen, welche inneren Aggressionen aufkommen, wenn man als ungetaufter Humorist bei seiner Vortragsarbeit viertelstündlich unterbrochen wird – durch die eiserne Glocke Gottes?

In Frankfurt lag der Auftrittsort in der Einflugschneise des größten deutschen Flughafens. Wie geil ist das denn? Meinem Tourtechniker war die Verzweiflung beim Soundcheck an den Ohren abzulesen. Doch der Haustechniker fand beruhigende Worte. »Bei Musik ist das kein Problem mit den Fliegern. Und ab einundzwanzig Uhr fliegen die sowieso nicht mehr. Also, nicht mehr so oft.« Okay, die erste Hälfte meines Programms, die von zwanzig bis einundzwanzig Uhr ging und die dummerweise ganz ohne Musik auskam, war also von vornherein verloren.

In Bochum in der Zeche Hannover – klingt paradox, ist aber so – hatte ich einen zwanzigminütigen Kurzauftritt vor circa einhundertfünfzig Menschen, die weiträumig verteilt auf einer fußballfeldgroßen Wiese saßen. An Tischen mit zugeklappten Sonnenschirmen, denn Sonne war nun wirklich nicht in Sicht. Bei meinem Auftritt fing es dann an zu regnen, und die Leute suchten Schutz. Ich sagte: »Okay, ich warte einfach kurz, bis ihr die Sonnenschirme aufgeklappt habt.« Es dauerte keine zwei Minuten, da war die vormals gut verteilte und zu Abstand angehaltene Zuschauermenge auf sechs dichtgedrängte sonnenschirmbeschützte Knubbelklumpen verschrumpft. Als der Regen dann etwas Wasserfallartiges annahm, da begannen sich aus den Knubbelklumpen einzelne Menschenbrocken herauszulösen, um fluchtartig an die Rückwand der Zeche zu flitzen, wo sie Trockenheit vermuteten. Erste Blitze erhellten die nachtschwarzen Wolken, und ich tat, was in meiner Natur liegt: das Geschehen einigermaßen lustig kommentieren. Un-

gefähr so: »Ach guck, der Vater mit dem Sohn rennt auch weg. Da sieht man wieder, Blut ist dicker als Wasser.«

Dann kam der Moderator des Abends, Hennes Bender, mit auf die Bühne, und wir versuchten uns gemeinsam in die nassen Herzen der Flüchtenden zu blödeln, was allerdings weder akustisch noch sonst wie gewürdigt wurde. Die Leute hatten einfach Besseres zu tun und waren vermutlich sogar erleichtert, als endlich ein gewaltiger Blitz in die Anlage einschlug und sowohl das Bühnenlicht als auch der Bühnenton für immer ihren Dienst quittierten.

Zum Allerbescheuertsten, was ich je erlebt habe, gehörte aber immer noch mein erster und einziger Auftritt in einem Autokino. Ich hatte schon von Kollegen gehört, dass das Hupen der Autofahrer den Applaus der Zuschauer symbolisieren soll. Und es wäre die Aufgabe des Künstlers, den ausgeprägten Warncharakter einer Autohupe, der eher ein Erschrecken auslöst, umzudeuten in ein warmherziges auditives Kompliment.

In meinem Fall in Herne wurde uns Künstlern vor Ort vom Veranstalter mitgeteilt, dass erstens ein Gewitter vorausgesagt ist, das aber aller Wahrscheinlichkeit nach knapp vorbeizieht, dass zweitens in dieser anwohnerreichen Umgebung jedes Hupen aus Lärmschutzgründen nicht gestattet ist, sondern dass drittens ausschließlich die Lichthupe zum Einsatz kommen darf.

»Lichthupe? Es ist doch noch total hell hier. Wie soll das gehen? Wie soll ich denn …«

»Tja, Johann, so ist das hier. Geh nach Herne und lerne.«

So sah es aus: Lichthupe hieß *Finden wir lustig*. Scheibenwischer hieß *Wir lachen uns schlapp*. Scheibenwischer mit Spritzwasser hieß *Wir lachen Tränen, du feuriger Teufelskerl*. Mein Blick hieß: *What the fuck mache ich hier?*

Bei dem Kollegen, der vor mir auftrat, konnte ich das ganze Spektakel in seiner Wahnwitzigkeit genau beobachten. Es schien irgendwie zu funktionieren. Die Menschen waren über eine UKW-Frequenz mit ihrem Autoradio an den Veranstaltungston angeschlossen und hatten es sich mit Getränken und Knabberkram in ihrem Wagen gemütlich gemacht. Alle Scheiben waren wegen der warmen Temperaturen heruntergebeamt, sodass die Reaktionen unerwartet deutlich aus den Autos herauszuhören waren. Und dann zog es sich langsam zu mit dunklen Wolken. Genau wie vom Veranstalter vorausgesagt.

Als ich angekündigt wurde, fing es langsam an zu regnen, und die kultursuchenden Ruhrgebietler begannen damit, ihre Scheiben wieder hochzubeamen. Herrlich. Der Regen wurde sekündlich stärker, und nur fünf Minuten später ergab sich ein Bild, das ich wie bei einer Nahtoderfahrung von außerhalb meines Körpers betrachtete. Wie von einer Drohne gefilmt, sah ich von oben folgendes Schauspiel: Da stand ein mittelalter Mann in einem knallgrünen Hemd auf einem Parkplatz in Herne Süd auf einer drei mal zwei Meter großen Bühne und bewegte seine Lippen. Vor ihm circa einhundert Autos, die von einem sintflutartigen Monsun saubergepeitscht wurden und deren Scheibenwischer ununterbrochen wischten. Die Stimme des Knallfrosches ist verunsichert, pendelt zwischen laut und leise, wird langsam hysterisch. Einsetzende Blitze verständigen sich mit den Lichthupen darüber, dass Zeus das grüne Männchen augenblicklich zu sich holen soll. Aber der hatte gerade Besseres zu tun.

Dass ich nach über zwanzig Jahren im Geschäft noch eine derartige Feuertaufe über mich ergehen lassen musste, das empfinde ich heute als Geschenk. Als Geschenk des Teufels. Aber nichtsdestotrotz: Ich bin gerne in Herne.

Im Ruhrgebiet hatte ich in dieser Zeit einen weiteren bemerkenswerten Auftritt, und zwar in der Bochumer Jahrhunderthalle. Das klingt nicht nur groß, die ist auch groß. Extrem groß. Mehrere Tausend Menschen finden dort stehend Platz. Nun gab es dort einen Humorabend mit einhundert verkauften Karten. Mehrere Hundert Meter mussten wir durch die komplett beheizte Halle laufen, um bis zur Bühne zu kommen. Allein um die Heizkosten wieder reinzukriegen, bräuchte man fünfhundert Zuschauer. Aber in dieser besonderen Zeit wurde nicht wirtschaftlich gedacht. Es ging allein darum, alles, was irgendwie möglich war, stattfinden zu lassen. So eine Halle muss ohnehin beheizt werden, damit sie nicht schimmelt. Das Gleiche gilt für den Pförtner. Beziehungsweise den Facility Manager. Der muss bei Laune gehalten werden, damit er nicht versauert. Und so wirkte es etwas surreal, als wir in einer von zehn Meter hohen Vorhängen versteckten Ecke dieser Riesenhalle eine Show für einhundert versprengte Kleinkunstfreunde vollführten, die in der Pause sehr verloren umherirrten und statt einer Theke nur einen Getränkeautomaten fanden.

Es gab natürlich auch positive Höhepunkte in dieser Phase der kreativen Notlage. Das Format *Gipfeltreffen* zum Beispiel mit den werten Kollegen Olaf Schubert und Torsten Sträter war ein reines Verzweiflungsprojekt. Eine aus der

Not geborene Arbeitsbeschaffungsmaßnahme. Eine fleischgewordene Schnapsidee. Sie entstand ungefähr so:

»Also, was machen wir?«

»Gute Frage. Wir brauchen ein neues Showkonzept. Eins, das auch ohne Live-Publikum funktioniert.«

»Apropos Frage: Wir wäre es, wenn wir einfach Fragen beantworten?«

»Fragen beantworten?«

»Ja. Fragen beantworten.«

»Mit welchem Ziel?«

»Mit dem Ziel, eine Antwort zu finden.«

»Eine Antwort? Also die *eine* richtige Antwort?«

»Nein. Eben nicht. Genau das nicht. Gegen die Erwartung denken!«

»Welche Erwartung?«

»Genau! Es gibt nicht die eine richtige Antwort. Es sind eher Fragen wie: *Was würdet ihr machen, wenn …* Oder: *Was denkt ihr über …* Oder: *Habt ihr schon mal …*

»Sehr gut. Jemand dagegen?«

»Nicht direkt dagegen, aber …«

»Okay, dann machen wir es so.«

Die allererste Aufzeichnung fand Anfang Mai 2020 in einer alten verrosteten Fabrikhalle in Leipzig statt. Günstig. Provisorisch. DDR-Charme. Das Bühnenbild stellte eine verstaubte Siebzigerjahre-Pressekonferenz dar: Vorn stand ein Podest mit drei dunkelbraunen Sesseln vor einem Tisch voller alter Mikrofone. Im Hintergrund wellte sich ein riesiger blauer Vorhang, an der Seite standen die Flaggen von Sachsen und … keine Ahnung und hingen schlaff am Mast herunter. Den circa dreißig Kubikmeter großen Raum (zumindest waren gefühlt Raumbreite, -länge und -tiefe gleich), diesen fensterlosen Bunker bevölkerten schätzungsweise fünfzehn Gewerkemenschen, also Tätige in den Gewerken Kamera, Regie, Aufnahmeleitung, Maske, Kostüm und so weiter. Mein Eindruck war: Sie wussten allesamt genau, was sie taten, aber nicht, wofür das alles gut sein sollte.

Die Vorbereitungen waren abgeschlossen. Gespannte Stille wie vor einer echten Pressekonferenz. Alle Blicke auf die ganz bewusst sehr schlecht ausgeleuchtete Szenerie gerichtet. Ein Jingle ertönte. Und dann betraten wir die Bühne. Die drei Abrissbirnen der guten Laune. Kein Publikum. Kein Warm-up. Kein Applaus. Einfach aus der kalten Hose raus ins dunkle Rampenlicht. Herrlich.

Die erste Frage der ersten Show war folgende: *Was können Tiere besser als Menschen?* Wir hangelten uns von einer Idee zur nächsten, wobei mein Redeanteil immer wieder ins Unermessliche stieg. Ins unermesslich Minimale.

Aus sechzig Minuten Aufzeichnung wurden dreißig Minuten geschnitten, gesendet wurde die erste Folge am Samstagabend im MDR. Später wurde sie bei YouTube reingestellt. Und die Reaktionen? Sie waren vernichtend. Hier mal eine Auswahl von Original-YouTube-Kommentaren nach der ersten Sendung:

»Was für eine gequirlte Scheiße.«
»Das war so bescheuert.«
»Schon lange nicht mehr so einen Bullshit gesehen.«
»Was für ein Nonsens.«
»Das ultimative Dummgelaber.«

Als die Quote im linearen Fernsehen, also die Anzahl der Leute, die das Ganze wirklich im MDR gesehen haben, als diese Zahl dann an mich herangetragen wurde, da war die Erleichterung groß. Denn sie war unterirdisch schlecht. Die Gewissheit wuchs, dass der Quatsch keine Zukunft hat, und diese Gewissheit ließ mich die weiteren Fragerunden geradezu entspannt genießen. Wie sich dann aber herausstellte, hatte ich hier gleich zwei Fehler auf einmal begangen. Zum einen hatte ich die Kommentare nie ganz zu Ende gelesen, sondern immer nur eher oberflächlich überflogen. Im Ganzen lauteten sie so:

»Was für eine gequirlte Scheiße. Großartig.«
»Das war so bescheuert. Bitte mehr davon.«
»Schon lange nicht mehr so einen Bullshit gesehen. Love it!«
»Was für ein Nonsens. Herrlich.«
»Das ultimative Dummgelaber. Gefällt mir.«

Und gleichzeitig hatte ich den Anteil der Menschen, die eine derart abwegige und marode Unterhaltungsschau liebhaben können, komplett unterschätzt. Mit YouTube-Klickzahlen im überhöhten sechsstelligen Bereich und den dazugehörigen Kommentaren gingen die Schöpfer des Gipfeltreffens zum Sender, und so sollten wir noch unzählige weitere Folgen gebären, in denen ich meine Mitstreiter bedingungslos schätzen und lieben lernte.

In seiner Absurdität, Tristesse und immer wieder von echten Lachtränen untermalten Irrehaftigkeit wird mir diese Sendereihe mein Leben lang in Erinnerung bleiben. DANKE.

Kapitel 6

Holland in Not

Apropos Irrsinn. Die Parallelität zwischen Berufs- und Familienleben ist meiner Erfahrung nach eine irre Herausforderung. Das Ausblenden des jeweils anderen Bereichs ist nötig, aber irre schwer. Und jetzt lag die irre Frage auf dem Tisch: Wie gestalten wir die Herbstferien? Hier etwas zu finden, bei dem keiner meckert, ist schon schwierig genug. Wenn dann aber die Zahl der täglichen Neuinfektionen, die das Infektionsgeschehen von vor zwei Wochen wiedergibt, wenn die also darüber entscheidet, ob man überhaupt und wenn ja wohin verreisen kann, dann wird das Ganze zu einer Wissenschaft für sich. Wir wollten auf jeden Fall nach Holland. Und aufgrund der rapide steigenden Zahlen stellte sich für uns nur eine Frage – oder besser derer drei: Wird Zeeland zum Risikogebiet erklärt, bevor wir hinfahren, während wir da sind oder erst nach unserer Rückkehr? *Bevor wir hinfahren* würde uns das Hinfahren komplett ersparen. *Während wir da sind* würde eine fünftägige Quarantäne nach sich ziehen, die wir nach der Rückfahrt zu Hause verbringen müssten und die jedes Erholungsgefühl zermalmen würde. *Nach der Rückkehr* wäre die von uns bevorzugte Variante.

Wir hatten Glück, konnten ohne Probleme nach Holland fahren und ernährten uns tagelang landestypisch. Also vom Wind und vom Meerblick und von Pommes und Backfisch. In der Ferienwohnung hörte ich deutsches Radio. Unseren Heimatsender, den WDR. Nach zwölf Tagen, also zwei Tage vor Urlaubsende, stand ich allein in der Küche und vernahm folgende Meldung: »Zeeland ist Hochrisikogebiet.« Verdammte Axt. Das darf doch nicht wahr sein. Was für ein Mist. Was für ein verdammter Riesenmist! Vor meinem geistigen Auge sah ich die Quarantänezeit, die wir fünf isoliert und ohne Außenkontakte verbringen mussten. Fünf Menschen für fünf Tage. Fünf mal fünf ist fünfundzwanzig. Fünfundzwanzig! Die einzige Quadratzahl, die aus der Summe von fünf einstelligen ungeraden Zahlen besteht. Das konnte nicht gut gehen.

»Wir müssen hier raus!«, schrie ich.

»Warum?«

»Hochrisikogebiet. Zeeland ist Hochrisikogebiet.«

»Bist du sicher?«

»Ja. Haben sie gerade im Radio gesagt.«

»Verdammt.«

»Kinder, los, helft mit!«

Hals über Kopf packten wir unsere Sachen. Zogen die Betten ab, schmissen alles unsortiert in die Taschen und Koffer, saugten halbherzig durch und waren eine Stunde später abfahrbereit. Das Radio lief noch, die Zwanzig-Uhr-Nachrichten begannen, und die Hochrisikomeldung für die Niederlande endete mit folgendem Satz: »Die daraus resultierenden Quarantänebestimmungen gelten ab dem kommenden Montag.« Meine Frau schaute mich entgeistert an.

»Ab Montag? Hast du das gehört?«

»Ja. Aber das haben sie vorhin nicht gesagt.«

»Bist du sicher?«

»JA.«

»Schrei doch nicht so!«

»Sie haben es NICHT gesagt. Ich bin doch nicht doof! Diese Arschlöcher haben es nicht gesagt. Diese verdammten Dreckschweine. SIE HABEN ES NICHT GESAGT!!!«

»Was hat Papa? Warum weint er?«

»Papa hat sich verhört. Wir können doch noch bleiben.«

»Cool. Und jetzt?«

»Und jetzt muss der Papa alles ganz alleine wieder einräumen.«

»WAS?«

»War ein Witz. Alle helfen mit!«

»Oh, Menno.«

Das Gefühl, das sich einstellt, wenn man ein Bett neu bezieht, das man selbst eine halbe Stunde vorher hektisch abgezogen hat, dieses Gefühl ist ... ganz besonders. Es ist ganz besonders furchtbar. Die Unsinnigkeit des eigenen Tuns vermischt sich mit der Notwendigkeit des eigenen Tuns zu einem unverdaulichen Brei. Ich erinnere mich noch sehr gut daran, wie ich mit leerem Blick und völlig kraftlos das Spannbettlaken über die Ecken zu stülpen versuchte. Hatte ich nicht gerade noch voller Tatendrang alles ins Auto geschleppt, was uns gehören könnte? Und jetzt? Jetzt war ich völlig ausgelaugt. Es fühlte sich ein bisschen so an, als hätte ich wegen einer akut bevorstehenden Drogenrazzia sämtliche Rauschmittel schnellstmöglich in irgendwelchen Ecken versteckt und müsste nun, nachdem sich das Ganze als Fehlalarm herausgestellt hatte, das ganze Zeug aus den tiefsten Ritzen des Hauses mühsam wieder hervorpulen.

Dabei könnte hier gerade nichts weiter weg sein als eine Drogenrazzia. Aus diesem hinkenden Vergleich spricht allenfalls die Sehnsucht nach der Teilnahme an einer Veranstaltung, die im Verdacht steht, drogenkonsumierende Menschen willkommen zu heißen. Während ich das Bett nun mit alten Laken neu bezog, fühlte ich mich beobachtet. Von mir selbst. Von meinem Alter Ego. Das mir zusieht und denkt: Alter. Was tust du da? Heute weiß ich: Die ganze Szene ist ein Sinnbild für die Absurditäten dieser verkorksten Zeit.

Ein paar Tage nach den kalorienreichen, dafür aber drogen- und erotikfreien Ferien an der Matjes-Küste schrieb ich ein Gedicht. Es bezieht sich darauf, wann die Eltern mal wieder Zeit für sich haben, wie sie diese nutzen können und wie sich der Blick auf den anderen nach dem Urlaub verändert:

Endlich wieder Schule

Im Schlafzimmer mit meiner Frau,
wir haben nicht viel an.
Wir sind ganz leise und ich schau
und sie schaut mich so an.
Sie mustert mich, sie will mich jetzt,
sie hat ganz rote Wangen.
Ich schließ die Augen und ich spür
ihr inniges Verlangen.
Gleich wird es heiß, so denke ich,
wird schmutzig und verdorben.
Da fragt sie plötzlich: Sach mal …
bin ich auch so fett geworden?

Kapitel 7

Falschbucher-Rabatt

Um die Winterferien musste sich dann zum Glück niemand mehr kümmern. Der zweite Lockdown war ausgerufen. Wenn die Urlaubsplanung aus virologischen Gründen derart vereinfacht wird, dann ist das für mich eine große Erleichterung. Denn ich bin der Urlaubschecker und -bucher in der Familie. Die letzten Winterferien hatten wir auch im Waldhäuschen verbracht. Obwohl ich das Allgäu gebucht hatte. Wie das geht? Der Trick ist ganz simpel. Man tätigt ganz normal eine Anzahlung auf den Urlaub und schiebt dann alle weiteren Nachrichten des Hotels ungelesen in den Papierkorb. Das habe ich tatsächlich getan. Weil ich es für Werbung hielt! Mit einem Klick auf das Feld *Buchung bestätigen* in der Mail hätte ich alles klarmachen können. Aber warum? Wir hätten sieben Stunden lang Auto fahren müssen, um dann zehn Tage lang im arschkalten Bayern abzuhängen und Schlitten zu fahren. Wer will denn so was? Ich alter Fuchs.

Das war aber noch gar nichts gegen die Reise nach Südfrankreich im vergangenen Sommer. Ich hatte Glamping gebucht. Auf einem Glampingplatz. Beziehungsweise auf einem Campingplatz. Mit Glamping-Zelten. Beziehungsweise Lodges. Glamping ist Camping mit Glamour. Wobei sich der Glamour eher auf die Größe des Zeltes bezieht und nicht auf dessen prunkvolle Ausstattung. Wie auch immer. Ich hatte uns jedenfalls was Schönes gebucht. Und zwar an der südfranzösischen Atlantikküste. Bei Camping Eurosol. Bereits im November 2019. Da hatte ich die *Sunset Premium Lodge* für sieben Personen gebucht und war ein bisschen stolz. Denn diese riesigen Zelte mit allem Pipapo versprachen Luxus und Sonne für die ganze Familie. Und dann war es so weit. Um nicht komplett die 1200 Kilometer durchzubrettern, suchten wir uns als Zwischenstopp das Städtchen Tours aus und übernachteten dort. Am nächsten Morgen um acht Uhr schaute ich noch mal auf das Buchungsformular. Meine Frau kam dazu. Ich sagte:

»Hier steht, dass man erst um fünfzehn Uhr in das Zelt kann.«

»Aha.«

»Das ist doch nicht schlimm, oder?«

»Nein.«

»Und hier steht, dass morgen Dienstag ist.«

»Aha.«

»Das ist doch auch nicht schlimm, oder?«

»Nein«, sagte meine Frau, »schlimm ist nur, dass da August steht und nicht Juli.«

»WAS?«

»Hast du den falschen Monat gebucht?«

»Ich? Nein. Argh.«

»Was ist denn?«

»Raus mit euch. Wir haben kurz was zu besprechen. Euer Vater hat …«

»Was hat Papa?«

»Er hat ein wichtiges Telefonat vor sich.«

Und so rief ich schweißgebadet beim Glampingplatz an. Am anderen Ende war ein deutsch sprechender Holländer.

»Guten Tag. Hier ist König. Wir haben ab heute … beziehungsweise für nächsten Monat gebucht, aber den gleichen Tag. Also wir haben eine Lodge Premium für sieben Personen, aber wir wären jetzt doch schon gerne heute da. Wenn das geht.«

»Wie war der Name?«

»König.«

»König. Ja hier. Sunset Lodge ab 18. August.«

»Genau. Die Frage ist, könnten wir auch heute schon anreisen?«

»Heute?«

»Ja.«

»Statt in vier Wochen?«

»Genau.«

»Herr König, ganz ehrlich. Wenn wir so vermieten würden, dass es egal ist, ob die Gäste vier Wochen früher oder später kommen, dann hätten wir aber ordentlich … ich sage mal Leerstand. Oder? Was meinen Sie? In der Hochsaison. Was glauben Sie?«

»Ja, das glaube ich. Ich wollte nur fragen, ob es vielleicht möglich wäre, rein theoretisch, dass wir praktisch heute schon anreisen können?«

»Sie sind lustig. Warum denn?«

»Weil wir schon unterwegs sind. Wir sind in Tours.«

»Warum das?«

»Weil … weil … keine Ahnung.«

»Haben Sie sich verbucht, hahaha.«

»Wie bitte?«

»Ich gucke mal, was ich machen kann.«

Ich war kreidebleich. Zumindest könnte ich mir das vorstellen. Hab mich ja nicht im Spiegel angeguckt.

»Und?«, fragte meine Frau.

»Keine Ahnung. Irgend so ein komischer Holländer. Der guckt jetzt mal.«

Ich drückte das Telefon ans Ohr. Der Rudi-Carrell-Verschnitt hatte den Hörer beiseitegelegt und erzählte jetzt seinen Camping-Kollegen vom dämlichen Deutschen. Zumindest hörte ich in der Ferne mehrere Sprachen und stumpfes Gelächter. Ich bekam erneut Schweißausbrüche. Die Vorstellung, dass die ganze Planung und die ganze Packerei und die sechsstündige Autofahrt gestern und damit im Grunde der gesamte Urlaub von jetzt auf gleich zerschreddert würde durch einen Datumsfehler aus dem November des letzten Jahres, diese Vorstellung zwirbelte mir heißkalt durchs Geäst.

Der Holländer war zurück.

»Nein, leider ist gar nichts mehr frei bei uns. Sorry.«

»Wirklich nicht? Egal was, wir nehmen alles.«

»Alles? Okay, ich gucke noch mal.«

Drei Minuten später.

»Nein, tut mir leid. Wir sind komplett ausgebucht. Es ist nichts mehr zu machen.«

»Verdammt.«

»Warte mal. Was meinst du?«

»Wer? Ich?«

»Nein, meine Kollegin ... okay, ich gucke dann noch mal in ein anderes System. Warten Sie kurz.«

Fünf Minuten später.

»Nein, es gibt wirklich gar nichts mehr. Ihr seid ja fünf Leute, oder?«

»Nein. Also ja. Aber wir nehmen auch was für vier. Eine kleine Hütte. Egal. Ein Kind schläft dann einfach … bei meiner Frau. Völlig egal.«

»Okay. So verzweifelt. Ich schau noch mal.«

Sieben Minuten später.

»Also wir haben … gar nichts mehr … Außer noch ein kleines Miniappartement für maximal vier Personen.«

»Nehmen wir.«

»Ist aber wirklich klein.«

»Egal, die Kinder sind auch klein.«

»Okay, dann buche ich das um.«

»Ja, danke.«

»Und dann kriegen Sie auch noch Geld zurück.«

»Ah, klasse.«

»Das kostet ja dann fast nur noch die Hälfte.«

»Das ist ja toll.«

»Da sparen Sie richtig. Haha.«

»Sie sind super. Danke!«

»Kein Problem.«

»Danke. Danke.«

»Passt schon.«

»Ich danke Ihnen so. Vielen Dank.«

»Alles klar.«

»Sie machen einen tollen Job. Wirklich. Sie haben uns gerettet. Sie … ich bin Ihnen sooooo dankbar.«

»Ich muss jetzt wirklich auflegen.«

»Wenn wir da sind, dann werde ich Sie einladen …«

»Auf Wiedersehn.«

Wenn ein Glamping-Urlaub zu einem Nichts zusammenzuschmelzen droht und dann doch noch stattfinden kann, dann ist der Ärger über das geringe Platzangebot nur noch halb so groß. Genau wie dieses Blockhäuschen nur halb so groß war. Drei von diesen Mini-Häuschen hätten in die Sunset Lodge Premium für sieben Personen gepasst. Dachte ich. Sagte aber immer wieder, wie unfassbar viel Geld wir durch die winzige Behausung einsparten.

Kapitel 8

Weihnachten ist schön

Zurück zum zweiten Lockdown. Er begann im Grunde wie der erste. Mit dem Unterschied, dass er im Winter war. Also ohne Frühling. Er war nicht neu, dafür war er kalt. Und es wurde eine neue Wortschöpfung geboren: Lockdown-Leid. Geschrieben allerdings so: Light. Also Licht. Verriegeltes Licht.

Wir wollten wieder in unser Fachwerkhäuschen auswandern und ahnten ein bisschen, wie es sich anfühlen würde. Die Winterferien wurden vorne und hinten verlängert, sodass wir bereits zehn Tage vor Heiligabend umziehen konnten. Herrlich. Und jetzt stand auch noch Weihnachten vor der Tür! Für eine komplett ungetaufte Familie wie uns das wichtigste Fest des Jahres. Zumindest wussten wir: Weihnachten ist schön. Weihnachten ist sehr schön. Weihnachten ist sehr, sehr schön. Das muss man sich nur immer wieder sagen.

Meine Frau fängt gefühlt immer schon am ersten Januar damit an, kleine Geschenke für den nächsten Adventskalender zu sammeln. Dafür hat sie dann über elf Monate Zeit. Das ist sehr klug. In dieser Zeit beschafft sie vierundzwanzig kleine Pakete für jedes der drei Kinder. Das sind insgesamt über … keine Ahnung. Bestimmt fast einhundert Päckchen. Es ist gut, dass sie das übernimmt. So habe ich mehr Zeit für andere Sachen. Wäre das meine Aufgabe, dann würde ich Ende November einmal Kaufhof und Kaufland besuchen und den Rest im Internet bestellen. Die Kinder hätten auf jeden Fall auch ihre Päckchen, wenn ich dafür verantwortlich wäre. Vielleicht nicht alle Sachen schon am 1. Dezember. Vielleicht nicht so vielfältig im Ganzen. Vielleicht mehr Sachen mit Zucker. Aber ich würde mir vorher viele Gedanken machen. Und dann würde ich explizit darauf achten, dass sich die Geschenke aufeinander beziehen. Dass sie in einer pädagogisch sinnvollen Reihenfolge angeordnet sind. Zum Beispiel so: An einem Tag gibt es Nappo und Toblerone für alle. Lecker. Großer Jubel. Auch bei Karius und Baktus. Am nächsten Tag gibt es neue Zahnbürsten. Der Jubel hält sich in Grenzen. Und am übernächsten Tag gibt's für alle den kindgerechten Ratgeber über juvenile Zuckerkrankheiten. Titel: *Diabetes ist kein Zuckerschlecken*.

Der Adventskalender wurde vom Großen in seiner Kleinkindzeit auch Kavenzkalender genannt. Wie süß ist das denn? Ein anderes sprachliches Meisterwerk entwickelte er mit schätzungsweise sieben Jahren. Er kam von der Schule, er hatte wohl Religionsunterricht gehabt, und fragte mich, warum Jesus angekreuzt wurde. Da ich bei religiösen Fragen ziemlich unwissend bin, sagte ich ganz ehrlich: »Warum Jesus angekreuzt wurde? Keine Ahnung. Vielleicht haben die einen zum Ankreuzen gesucht, und er stand gerade in der Nähe. Zur falschen Zeit am falschen Ort. Einfach Pech gehabt, der Gute.« Dann stellte ich ihm eine Frage: »Weißt du denn, wer der Vater von Jesus war?«

»Ja«, rief er, »natürlich, Gott!«

»Na ja«, korrigierte ich, »Jesus hatte ja eigentlich zwei

Väter. Einmal Gott, der über ihm war. Also der Übervater. Und dann noch Josef, der ihn oft im Bollerwagen hinter sich hergezogen hat. Josef war also im Grunde der Ziehvater.« Den Gag hat er, glaube ich, bis heute nicht verstanden.

In einem Päckchen des Kavenzkalenders der Kinder steckte damals ein Früchtekindertee mit dem Namen *Zaubertrunk*. »Den hat Jesus sehr oft getrunken«, sagte ich. »Er war im Grunde seines Herzens ja Zauberer. Übers Wasser laufen. Wasser zu Wein. Brot zu Käse. Das war Jesus. Sein Standardspruch war: *It's magic.*« Dabei malte ich mit der Hand einen Kreis in die Luft.

»Und du wunderst dich, dass die alle in Religion eine Fünf haben, wenn du hier so einen Quatsch erzählst«, warf meine Frau regelmäßig das Notenargument in den Ring. Aber das erledigte sich später durch die Wahlmöglichkeit des Faches Ethik Gott sei Dank von selbst.

Teesorten mit kaufreizbeschleunigenden Namen waren auf jeden Fall schwer in Mode. Ich trank zum Beispiel jeden Morgen einen Tee mit dem Namen »Halswärmer«. Der Vorteil beim Halswärmer-Tee: Er wärmt den Hals. Und das macht diesen Tee einzigartig. Im Gegensatz zu *Frauentee*. Der wärmt die Frauen. Wenn sich Frauen diesen Tee in den Hals schütten, dann wärmt er auch ihren Hals. Aber dafür ist er nicht gemacht. Zu Nikolaus habe ich *Männertee* geschenkt bekommen. Lecker … ist der nicht. Männertee schmeckt eher gesund. Lecker ist er erst, wenn man vier Schuss Johnny Walker und drei Löffel Zucker reinknallt und sich dazu eine Zigarre anzündet. Dann ist er lecker. Dann ist er aber nicht mehr gesund. Man muss sich entscheiden, wie der Lateiner schon sagt: comme ci, comme ça.

Apropos entscheiden. Eine der schwierigsten Entscheidungen fiel dieses Jahr komplett weg. Nämlich die Entscheidung, wo und wann und wie wir die Festtage begehen. Letztes Jahr hatten wir noch überlegt, ob wir am Heiligen Abend mit meiner Mutter und meinem Bruder bei uns, am ersten Feiertag mit den Eltern meiner Frau bei denen und am zweiten Feiertag mit und bei der Familie meines Cousins feiern. Oder ob wir Heiligabend bei der Schwägerin, am Ersten bei der Mutter meines Bruders, was auch meine Mutter ist, und am Zweiten bei der Schwiegermutter der Besinnlichkeit freien Lauf lassen. Oder aber ob wir – was mein Vorschlag war – einfach nur am 24. mit wirklich allen Familienangehörigen in der Gaststätte des Schwippschwagers eine derart dekadente Jesus-Christus-Orgie ausrichten, dass die folgenden zwei Tage allein mit Aufräumen und Ausnüchtern ausgefüllt sind. Leider hatten wir nie einen Schwippschwager mit Gaststätte. Alles egal. Denn in diesem besonderen Jahr wurden alle gefahrversprechenden Zusammenkünfte einvernehmlich vermieden.

Eine weitere wichtige Entscheidung war die, was wir essen. Weihnachten ist ja das Fest der Liebe. Darum essen wir da auch so viele Tiere. Weil wir die so liebhaben. Wie es die Redewendung sagt: Ich hab dich zum Fressen gern. Das Problem beziehungsweise die Herausforderung: Bei den Kindern hatte sich in den letzten Monaten ein zunehmend stärker werdender Vegetarismus eingeschlichen. Erst bei der Mittleren, dann beim Großen, und nun auch vermehrt bei der jüngsten Tochter. Und das passierte ohne jegliche Intervention oder Aufklärung von unserer Seite. Nie haben wir den Kindern Videos gezeigt, in denen man sieht, wie Tierschützer nachts in Hühnerställe einbrechen und dort unhaltbare Zustände vorfinden. Bis vor Kurzem gab es bei uns zum Mittagessen noch Hühnchenschnitzel in Dinoform. Und ich wiederholte immer den gleichen Gag. »Heute gibt es paniertes Dinosaurierfleisch«. Was haben wir gelacht.

Und jetzt? Gar nichts mehr. Drei Monate Ausschleichung, und nun waren sie am Nullpunkt angekommen. Dabei hatte ich schon vor Jahren überlegt, mit welchen Methoden man es schaffen könnte, Kinder nachhaltig zu Vegetariern zu machen. Denn theoretisch finde ich das einen extrem nicen move, wie der Franzose sagen würde. Wenn er Englisch könnte.

Meine erste Idee dazu war eine Schlachthofführung. Mit der ganzen Familie. Oder der Schulklasse. Eine Besichtigung, bei der man einmal alle Stationen abwandert, die das Tier … »durchlebt« ist vielleicht der falsche Ausdruck … Die das Tier durchläuft, um für uns portioniert zu werden. Ein verpflichtender Schlachthofbesuch für alle siebten Klassen würde den aktuellen Vegetarieranteil in Deutschland von unter zehn Prozent vermutlich über Nacht in die Höhe schnellen lassen.

Die zweite von mir ernsthaft in Betracht gezogene Idee war die der privaten Gartenschlachtung. Und zwar eines Huhnes. Eines anonymen Huhnes, das ich unter Anleitung eines erfahrenen Metzgers in unserem Garten oder auf seinem Bauernhof vor den Augen meiner Kinder schlachte. Köpfen. Rupfen. Ausnehmen. Filetieren. Die richtige Reihenfolge ist vermutlich sogar entscheidend für den Erfolg der Aktion. So würde uns allen, mich eingeschlossen, endlich mal richtig bewusst, welche Gewalt nötig ist, bevor Fleisch verzehrt werden kann. Da ich als alter Makrelenfischer ohne Probleme einen Fisch ohnmächtig schlagen, ausnehmen und gleich darauf in gebratenem Zustand verspeisen kann, hätte ich mir diese Prozedur durchaus zugetraut. Im Internet habe ich bereits einige Videos geschaut, die das Rupfen eines toten Huhns mit einer rotierenden Rupfmaschine zeigen. Ich stellte mir den beschriebenen Schlachtplan als einmaliges Familienexperiment vor, von dem meine Kinder noch ihren Enkelkindern erzählen würden. Und der uns alle zu Vegetariern gemacht hat. Ein Leben lang. Außer mir. Weil ich mir ab zu, wenn die Kinder weg sind, immer noch mal ein Hühnchen brate. Ich möchte darauf eben nicht verzichten. Natürlich esse ich in dieser Vorstellung nur noch Fleisch von selbst erlegten Viechern, was den Konsum stark reduziert und die Demut vor dem Mahl erhöht. Wenn alle Menschen nur noch die Tiere essen würden, die sie selbst töten, dann wäre die Welt eine andere. All diese Gedanken hatte ich. Ich wollte die Kinder manipulieren. Eine pädagogische Lenkung des Essverhaltens.

Und jetzt waren sie eigenständig auf den fleischlosen Trichter gekommen. Ohne meine Ideen. Ohne Blutvergießen. Ohne dass ich irgendetwas dazu beigetragen hatte. Und das nervte mich. Ich wollte das doch steuern! Ich war der Erzieher. Ich wollte den Zeitpunkt festlegen. Also damit warten, bis die Kinder älter sind. Siebzehn oder achtzehn. Also kurz vorm Auszug. Denn wie gesagt, theoretisch finde ich Vegetarismus echt gut. Aber jetzt kam Weihnachten. Und praktisch hatte ich das Kaninchen schon bestellt.

»Warum kochst du nicht hier was draus?«, fragte mich meine mittlere Tochter, während sie in *Vegan for fun* von Attila Hildmann blätterte.

»Och«, sagte ich. »Das ist jetzt leider zu spät, die Geschäfte haben alle schon zu. Aber nächstes Jahr.«

»Versprochen, Papa?«

»Versprochen!«

»Okay.«

»Nächstes Jahr essen wir was von Attila«, bestätigte ich ihren Wunsch.

»Okay.«

»Aber du besorgst die Zutaten.«

»Okay.«

»Und schnibbelst dann alles kurz und klein.«

»Okay.«

»Und dann kochst du alles selbst.«

»Oh.«

»Zusammen mit deiner Mutter.«

»Oha.«

»Versprochen?«

»...«

Fünf Stunden hat mich das Schmorkaninchen nach Jamie Oliver gekostet. Und dann kosteten die Kinder nur von der Soße. Auch nicht schlecht. So blieb mehr übrig für meine Frau und mich. Dass auch sie im kommenden Jahr komplett auf Fleisch verzichten würden, das ahnte ich da noch nicht.

Kapitel 9

Einsamer Jahreswechsel

Die Tage zwischen den Jahren vergingen im Grunde wie immer. Es wurden Filme geschaut. Es wurde Lego gebaut. Und es wurde Süßes verdaut. Und am 31. Dezember fand dieses verbeulte Jahr endlich sein würdiges Ende. Statt Bleigießen gossen wir heißes Wachs in kaltes Wasser. Die Ergebnisse waren ernüchternd und verhießen nichts Gutes. Um einundzwanzig Uhr zündeten wir Wunderkerzen an, was gut klappte, und anschließend den Tannenbaum, was nicht klappte. Weil ich der Einzige war, der seine Laune mit alkoholischen Getränken über Wasser hielt, war ich auch bald der Einzige, der noch wach war. Gegen dreiundzwanzig Uhr lagen alle in ihren Betten, ich saß allein am Feuer und weigerte mich trotzig, den Beginn des neuen Jahres zu verschlafen. Ich schüttete mir einen ordentlichen Gin-Tonic zurecht und lief um Viertel vor zwölf die kleine Straße entlang, um den Nachbarn wenigstens aus der Ferne zuzuprosten. Diesen Waldhaus-Nachbarn, die wir eigentlich nur vom Hallo-Sagen kannten. Aber was war das? Da waren keine Nachbarn. Es war kein Mensch vor der Tür. Niemand schien es für nötig zu halten, aus dem Haus zu gehen. Vermutlich, weil niemand es für möglich halten konnte, dass sich das lohnen würde. Es hätte sich gelohnt. So was von. Ich war da!

»Hallo. Ich bin hier. Wo seid ihr? Kommt raus!«

Ich fing tatsächlich an zu rufen. Wie ein Bescheuerter rief ich lauthals durch die Nacht. Dann überlegte ich, irgendwo zu klingeln. Um dann wegzulaufen. Oder Laternen auszutreten. Oder zu singen. Ich war voller Wut. Und Verzweiflung. Und Gin. Es war ohne Abstriche das trostloseste Silvester, das ich je in meinem Leben gefeiert habe. »Komm doch her, neues Jahr. Komm doch!«, schrie ich irgendwann. »Du kriegst mich nicht. Was willst du? Bist du sauer, weil ich nicht von zehn runtergezählt habe? Häh? Wie viel Uhr ist es überhaupt? Bist du überhaupt schon dran? Häh? Guck nicht so doof. Verpiss dich wieder. Oder mach's besser als dein Vorgänger. Dieses verseuchte Arschloch.«

Müde und enttäuscht lief ich zurück zum Haus. Dort schrieb ich ein Gedicht. Ein Gedicht ohne Titel:

das alte ist vergangen
es droht die neue welle
der kopf ist wie gefangen
die zeit rast auf der stelle

Kapitel 10

Eislaufen statt Eis kaufen

Die ersten zwei Januarwochen sollten das gesamte Land laut Wetterbericht mit Temperaturen von weit unter null Grad beglücken. Vermutlich, um uns fürs neue Jahr zu erwärmen. Ein Jahr, das nur besser werden konnte als das letzte. So dachten wir damals in unserer unerschütterlichen Naivität.

Als ich eines Morgens irrtümlicherweise als Erster unten in der Küche war, staunte ich nicht schlecht. Die Einfachverglasung in unserem Haus war über Nacht zur Doppelverglasung geworden. Das Kondenswasser, das bei so einem Lotterleben anfiel, hatte sich offensichtlich von innen an die Scheiben gelegt und war dort in der Nacht gefroren. Herrlich. Ich saß am Esstisch und blickte sehr lange ganz still durch die vereiste Scheibe nach draußen. Genau so wollte ich verharren. Bis alles vorbei wäre. Wie ein Tier in Winterstarre. Muskelbewegungen einstellen. Atmung verlangsamen. Hirnfunktion komplett runterfahren. Die inneren Organe hören auf zu arbeiten. Und sogar das Herz schlägt nicht mehr. So machen es die Frösche.

Dass sie dennoch nicht tot sind, wird erst klar, wenn sie im Frühling langsam wieder auftauen.

»Papa.«

»…«

»PAPA.«

»Mmh.«

»Papa, schläfst du noch?«

»Was?«

»Papa. Guck mal.«

»Was machst du da?«

»Aua. Papa.«

»Bist du doof?«

»Papa, hilf mir. AUA.«

»Was ist denn hier los?«, rief meine Frau plötzlich.

»Sie ist mit der Zunge an der vereisten Scheibe kleben geblieben«, erklärte ich fachmännisch.

»Warum erlaubst du ihr auch so einen Quatsch.«

»Ich? Ich habe gar nichts gemacht.«

»Das sieht man.«

»Ich habe einfach nur aus dem Fenster geguckt.«

»Ich dachte natürlich, dass du schon mal den Tisch deckst – wenn du einmal so früh aufstehst.«

Die dauerhaften Minusgrade waren im Grunde ein Äquivalent zur Stimmungslage im Land. Alles war eingefroren, starr, konserviert. Die Zeit. Die Freude. Der Aufbruch. Aber es dauerte gar nicht lange, da entfalteten die tiefen Temperaturen auch unerwartete Möglichkeiten. Bereits nach fünf Tagen war der kleine Teich hinterm Haus komplett zugefroren, und die Kinder waren nicht mehr vom Eis zu kriegen.

Wir hatten mittlerweile alle Handschuhe, Knie- und Ellbogenschoner, Schlittschuhe, Eishockeyschläger und Pucks aufgekauft, die der digitale Kleinanzeigenmarkt für unsere Umgebung zu bieten hatte. An manchen Tagen tummelten sich bis zu acht Kinder auf der zehn mal vier Meter großen Eisfläche, um einfach alles zu geben. Körperlich. Mental. Und phonetisch. Einwürfe wie »Wollt ihr nicht mal etwas Ruhiges spielen. Zum Beispiel Curling« verhallten ungehört. Es kam mir vor, als wollten die Kinder alle schlafenden Tiere einmal ordentlich wachrütteln. Aber ich hatte auch den Eindruck, dass sich hier auf dem Eis die lockdownbedingte körperliche und soziale Unausgeglichenheit der Kleinmenschen auf kolossale Weise entlud.

Kapitel 11

Digital ist besser

Der Schulbeginn im neuen Jahr läutete auch eine neue Epoche des Lernens ein. Der Online-Unterricht erlebte seine rauschhafte Anfangszeit. Mit dem Motto, das unausweichlich gilt, wenn etwas neu ist: Learning by doing. Von dem Schub, den die Digitalisierung in dieser Zeit bekam, zehren wir noch heute. Sagt man so.

Oft wurde ja gefragt, warum sich Deutschland so schwer tut bei der Digitalisierung. Speziell in der Verwaltung. Schule ist ja im Grunde auch Verwaltung. Die Verwaltung von Wissen und von Wissensträgern mit dem Ziel der Wissensübertragung. Das Problem ist vermutlich, dass Verwaltung und Digitalisierung im Grunde Gegensätze sind. Stellen wir uns mal ganz dumm und fragen zunächst: Was ist eigentlich Verwaltung? Verwaltung ist, wenn fünf Leute für etwas bezahlt werden, was vier billiger tun könnten, wenn sie nur zu dritt wären und zwei davon krank. Und Digitalisierung ist, wenn von den fünfen am Ende tatsächlich nur noch einer bezahlt wird. Die Verwaltung arbeitet mit der Digitalisierung an ihrer eigenen Abschaffung.

Darum gibt es Widerstände. Aber nicht nur darum. Oft ist es doch so: Die Geräte sind neu, aber das Personal ist veraltet. Digitalisierung macht Angst. Angst davor, überflüssig zu werden und abgehängt. Angst, es nicht mehr drauf zu haben. Aber die Technik ist auch selbst schuld an der allgemeinen Skepsis. Soll sie doch einfach mal einwandfrei funktionieren. Tut sie aber nicht!

Wie oft fällt das Internet aus, weil die Telekom angeblich neue Internetkabel legt? Wie oft sagt mein Telefon zu mir: Stellen Sie sicher, dass die Bluetooth-Box eingeschaltet und in Reichweite ist? Und ich denke: SIE LIEGT GENAU DANEBEN, DU PENNER.

Wie oft sehe ich die Nachbarin, die mit dem Fingerabdruck ihre Haustür öffnen will? Und dann doch den Schlüssel sucht, den sie nicht dabei hat, weil sie ihn ja angeblich nicht braucht. Und wie oft denkt sie, dass es an ihrer schrumpeligen alten Fingerhaut liegt und nicht am Gerät?

Was ist dran an dem Gerücht, dass die Geräte mittlerweile intelligenter sind als die Menschen? Dass sie von sich aus Nacktbilder aus deiner Cloud ziehen und dich dann damit erpressen können?

Und stimmt es, dass 5G nur dafür entwickelt wurde, um bei den Vögeln die Batterien aufzuladen? Ist euch schon mal aufgefallen, dass die rote Kehle vom Rotkehlchen wie eine Akku-Anzeige immer kleiner wird mit den Wochen, bis sie eines Tages wieder leuchtend rot erstrahlt? Woher wissen wir überhaupt, dass die meisten Singvögel nicht ferngesteuerte Überwachungsapparate sind? Findet ihr es nicht auch verdächtig, dass Blaumeisen ziemlich oft neugierig ins Fenster gucken? Und wenn man dann hingeht, hektisch wegfliegen?

Verzeihung. Manchmal kann ich einfach nicht anders. Dann geht's mit mir durch. Dann lass ich es einfach laufen. Dann leitet mich der Zweifel und reitet mich der Teufel.

Vergesst es einfach. Ist natürlich alles Unfug. Auch wenn manche Leute so was tatsächlich glauben.

Eigentlich wollte ich doch nur ganz objektiv den Alltag mit Online-Unterricht beschreiben. Der sah bei uns zu Hause so aus:

Morgens wurden die Kinder geweckt und zum Frühstück genötigt, was sich aber schon nach drei Tagen als überflüssige Quälerei entpuppte. Bald wurde den Kindern einfach kurz vor Beginn des Unterrichts der Laptop ans Bett gebracht. Gefrühstückt wurde dann in der großen Pause. Oder einfach zwischendurch. Neben dem Blickfeld der Kamera.

Online-Unterricht mit drei Kindern in einem Haus mit nur vier Räumen ist eine Erfahrung, die sich einbrennt in das ewige Gedächtnis. Die allmorgendliche Kakophonie aus drei Endgeräten, die jeweils eine gesamte Schulklasse miteinander vereinten, die aus jeweils dreißig müden und gleichzeitig aufgeregten Kindern bestand, die alle mit ihren überforderten Eltern vor den Bildschirmen saßen und »Ich seh euch nicht!«, »Hört ihr mich?«, »Theo ist eingefroren« oder »Wo ist denn jetzt Frau Reinke?« riefen, diese Kakophonie ist mir noch immer ein Knäuel im Ohr.

Weil ich meistens bis zum Beginn der dritten Stunde schlafen durfte, passierte es, dass ich die Geräusche, die ab acht Uhr zu mir durchdrangen, einfach in meinen Traum mit einbaute. Und so hielt ich mich in dieser späten Traumphase oft in der Nähe von Schulhöfen auf. Als Schülerlotse. Als Eisverkäufer. Oder als Drogendealer. Verrücktes Unterbewusstsein.

Um der Gefahr meiner zunehmenden geistigen und körperlichen Verwahrlosung entgegenzuwirken, hatte ich mir vorgenommen, etwas Sinnvolles zu tun und mit dem Sohn zusammen die Sprache zu erlernen, in welcher er seit dem neuen Schuljahr dreimal pro Woche unterrichtet wird: Französisch. Ich bestellte alle seine Schulbücher und arbeitete parallel zu ihm, machte seine Hausaufgaben, paukte Vokabeln und lernte Grammatik.

Der häusliche Online-Unterricht erhöhte meine Lernleistung ins Unermessliche, da ich unbemerkt die Position des Schülers einnehmen konnte. Kurz vor Beginn jeder Französischstunde schlich ich mit einem Kaffeebecher hinter die Treppe, setzte mich auf den Boden, sodass die Lehrerin mich nicht, ich aber sie sehen konnte, und lauschte gebannt dem Unterricht. Das war aufregend, das war heimlich, das war verbindend. Und es sah natürlich absolut lässig aus. Wie ich im Schlafanzug mit nackten Füßen und zerzausten Haaren im Schneidersitz meinen Hals streckte und dabei aussah wie eine neugierige Schildkröte.

So lebten wir die Minuten runter, ohne dass viel passierte. Kein Beruf, kein Impfstoff, aber Arbeit für zwei. Und immer mal wieder ploppte unerwartet die Wahrheit über unseren emotionalen Zustand auf.

Einmal kochte ich. Nudeln oder Kartoffeln. Irgendwas Aufwendiges. Der Sohn stand neben mir, wippte auf und ab und sagte ununterbrochen: »Pick pock pick pock.« Ich sagte freundlich, aber bestimmt: »Kannst du mit dem Geräusch aufhören?« Daraufhin fing er an, mit der Zunge zu schnalzen. »DU SOLLST MIT DEM GERÄUSCH AUFHÖREN«, schrie ich ihn an.

»Du hast nicht gesagt, auch mit *dem* Geräusch.«

»ICH MEINE ALLE GERÄUSCHE. ALLE!«

»Soll ich mal weitermachen hier in der Küche?«, fragte meine Frau besorgt.

»Nein.«

»Das war keine Frage.«

»Ach so. Ja dann. Gerne.«

Vor der Pandemie habe ich immer gedacht: Häusliche Gewalt, das ist nichts für mich. Das ist was für die anderen. Für die Assis. Hier war ich kurz davor, meine Meinung zu ändern. Aber dann ging ich doch lieber Holz hacken.

Mir wurde klar, dass es so nicht geht. Dass ich die Gelassenheit nicht verlieren darf. Es war doch alles nicht so wichtig. Locker bleiben war jetzt angesagt. Nicht so pedantisch sein. Ich half der Jüngsten beim Rechnen.

»So, und die nächste Aufgabe.«

»Och nee. Ich brauche eine Pause.«

»Komm, eine noch.«

»Welche denn?«

»Die hier.«

»Och nee. Nicht die.«

»Doch. Komm jetzt. Drei plus drei.«

»Drei plus drei?«

»Ja. Überleg.«

»Drei plus drei … drei plus drei … drei plus drei …«

»Und?«

»Neun!«

Ich schaute sie an. Ich schaute sie lange an. Sie schaute zurück. Ich schaute auf die Uhr und sagte. »Ja. Sehr gut. Dann machen wir jetzt eine Pause.«

Ja, mein Gott. Warum soll drei plus drei nicht auch mal neun sein? In Ausnahmesituationen wie dieser hier. Soll ich ihr erst beweisen, dass das nicht stimmt? Dafür bin ich doch gar nicht ausgebildet. Außerdem: Was hat sie denn für Nachteile dadurch, wenn sie das glaubt? Gar keine. Sie geht zum Bäcker. Sie holt Brötchen. Drei normale Brötchen und drei Körnerbrötchen. Und sie glaubt, sie hat neun Brötchen. Das ist doch kein Nachteil. Sie zahlt ja auch nur sechs.

Häufiger als üblich setzten wir die Kinder in dieser Zeit vor den Rechner, um sie mit einem Film ruhigzustellen. Aber selbst das musste gut geplant werden. Immer wieder machte ich denselben Fehler im Ablauf. Die Kinder setzten sich zu dritt aufs Sofa. Und ich sagte: »So, jetzt hole ich nur noch schnell das Tablet.« Wie doof kann man sein. Diese zwanzig Sekunden, die ich dafür benötige, sind schon zu viel. Diese Zeit reicht den Kindern locker aus, um einen Streit vom Zaun zu brechen, der ohrenbetäubend ist.

Das geht dann so: Sobald ich den Raum verlassen habe, nimmt sich Kind eins irgendetwas aus der unmittelbaren Nähe, um nicht vor Langeweile zu sterben. Es greift sich ein Kissen. Ein Buch. Eine Tasse. Völlig egal, was. Die Reaktion: Kind zwei will das sofort auch haben und zieht daran. Und Kind drei sagt, dass das ihr Kissen/Buch/Stofftier ist. Innerhalb von zehn Sekunden entsteht ein wunderschönes Geschrei, ein Gezerre um einen Gegenstand, der den ganzen Tag über niemanden interessiert hat.

Ich komme zurück in den Raum, will schimpfen, aber augenblicklich ist Ruhe, und sechs unschuldige Kinderaugen schauen mich an.

»Alles klar bei euch?«

»Ja, Papa.«

»Nach der Hälfte des Films wird auf Pause gedrückt, dann wird aufgeräumt und die Zähne werden geputzt, und dann könnt ihr weitergucken.«

»Ja, Papa.«

»Hier sieht es aus. Wahnsinn.«

»Räumen wir alles nachher auf, Papa.«

»Ihr wart auch schon mal fleißiger, was hier den Haushalt angeht.«

»Ja, Papa«, sagte da die Jüngste meiner zwei Lieblingstöchter. »Aber weißt du: Wir haben ja jetzt diese Fleiß fressende Pflanze.«

»Ihr habt was?«

»Wir haben jetzt eine Fleiß fressende Pflanze. Die frisst den ganzen Fleiß einfach auf.«

»Aha, und wo ist die?«

Die Kinder überlegten. Dann meinte die Mittlere: »Da vorne. Aber die ist für Erwachsene unsichtbar.«

Wie soll man da ernsthaft böse werden?

Kapitel 12

In die Daunen gelockt: Lockdown-Kinder

Es gab in der Vergangenheit immer wieder Spekulationen darüber, ob man neun Monate nach einem Lockdown an der erhöhten Geburtenrate etwas ablesen könnte über die bevorzugten Tätigkeiten der Menschen während der Verriegelung. Mir hat das von Anfang an nicht eingeleuchtet. Warum sollte das passieren? Warum sollten in dieser Phase mehr Kinder entstehen? Das Erotischste, was wir in dieser Zeit gemacht haben, war Stoßlüften.

Wir betrachten einmal drei unterschiedliche Szenarien:

1. Junge Paare, die kurz vorm Lockdown zusammengezogen sind, in ihre erste gemeinsame Zwei-Zimmer-Wohnung: Die sehen doch spätestens nach vier Wochen keine Notwendigkeit mehr darin, ein zusätzliches Wesen in die Welt zu setzen, das blöd im Weg rumsteht und die Bude vollfurzt.
2. Ältere Paare, die schon lange zusammen sind und bereits Kinder haben: Die verschwenden spätestens nach einer Woche keinerlei Gedanken mehr daran, sich noch so einen Dödel ins Haus zu zeugen, der seine Hausaufgaben nicht kapiert.
3. Alle anderen? Haben Kontaktverbot!

Was hätte man diesen Kindern auch sagen sollen, wenn sie gefragt hätten: »Mama, Papa, war ich eigentlich ein Wunschkind?« Ehrlicherweise hätte man sagen müssen: »Wunschkind? Du? Dass ich nicht lache. Du bist entstanden aus Langeweile. Aus Mangel an Alternativen. Du bist ein Produkt aus unterschwelligen Aggressionen.« Es wären vermutlich auch keine guten Menschen entstanden. Kinder, die im Lockdown gezeugt worden wären, das wären Schluffis geworden. Degenerierte abnormale Schluffis. Lethargische, nudelfressende Klopapierfetischisten.

Kapitel 13

Der Weg zum eigenen Huhn

I. Lustige Leihgeschäfte

Einige Verhaltensweisen der auf Distanz getrimmten Gesellschaft hatten sich in diesem Winter gewaltig verändert. Was am meisten zugenommen hatte, neben den Menschen, die immer dicker wurden, das waren die Glücks-Placebos Daddeln, Saufen und Online-Shopping. Sie betäubten das Gefühl, allein zu sein, für einen kurzen Moment mit einem zuckerigen Serotonin-Shot. Bei uns, so könnte vermutet werden, waren diese drei Zeittotschläger gut verteilt: Mann – Saufen. Frau – Online-Shopping. Kinder – Daddeln. Klingt logisch. Allerdings machen hier die Kinder einen Strich durch die Rechnung, weil sie keinerlei Interesse zeigen am digitalen Dauerspielen. Vielleicht liegt es auch an den Belohnungen. Münzen, Juwelen, neue Waffen, neues Level, neue Skills, mehr Leben und so weiter, das alles geht unseren Kindern aus unerfindlichen Gründen komplett am Arsch vorbei. Wie der Fachmann sagt. Können wir als Eltern auf dieses abnorme Gebaren stolz sein? Eher nicht, denn wir haben kaum etwas dazu beigetragen. Es muss irgendein Fehler im Belohnungssystem sein. Eine cerebrale Dysfunktion, die sich irgendwann nicht mehr korrigieren lässt.

Was diese Zeit ebenfalls mit sich brachte, das waren die sogenannten Lockdown-Tiere, die plötzlich zuhauf die Wohnungen der Vereinsamten bevölkerten. Um später, nach der sommerlichen Rückgabewelle, elendig im Tierheim zu versauern. Kurzfristiges Denken und verantwortungsloses Handeln. Pah.

So etwas würde uns nicht passieren. Das war klar. Aber auch wir surften im Internet und suchten am Ende unbewusst irgendetwas, was diese entsetzliche Leere ausfüllte. Eines Tages landete meine Frau bei einem Bericht über die Naturpädagogin Jenny Kreitz, die Hühner verleiht.

»Guck mal hier. Wäre das nichts für uns?«

»Was denn?«

»Die verleiht Hühner.«

»Lustig.«

»Nein, im Ernst.«

»Du willst Hühner leihen?«

»Warum denn nicht?«

»Aber die Eier darf man behalten? Oder sind die auch nur geliehen?«

»Witzig.«

»Ich weiß nicht.«

»Lies dir das mal durch.«

»Schick mir den Link. Mache ich in Ruhe heute Abend.«

»Mama, können wir was Süßes?«

»Es gibt gleich Mittagessen.«

»Also, ja oder nein?«

»Nein.«

»Was ist das da auf dem Laptop?«

»Nichts.«

»Hühner?«

»Nein.«

»Doch.«

»Ja, hast recht.«

»HÜHNER?«

»Jaha.«

»Kriegen wir Hühner?«

»Nein. Die werden da verliehen.«

»Hey, kommt mal. Wir kriegen Hühner!«

»Was? Hühner? Ja. Cool.«

»Hühner? Jaaaa.«

»Wir kriegen Hühner! Wir kriegen Hühner!«

»Zicke zacke Hühnerkacke.«

»Kinder! Beruhigt euch.«

»Warum?«

»Das ist ein Hühner*verleih*. Wir hätten die ein oder zwei Wochen, und dann werden die wieder abgeholt.«

»Oh, schade.«

»Aber die Eier dürfen wir behalten? Oder sind die auch nur geliehen?«

»Sehen wir dann.«

So wie wir mit unserer Hinhaltetaktik bisher alle Haustiere verhindert hatten, so siegte nun die Überrumpelungstaktik der Kinder über jedes Argument. Ich las mir den Artikel durch und fand durchaus Gefallen an der Vorstellung, Hühner zu leasen. Ausgeliehene Wesen schienen der ideale Lückenschluss zu sein zwischen kurzfristiger tierischer Gesellschaft und Verantwortung für die Zukunft.

Ich recherchierte die Adresse und schrieb eine E-Mail mit der Frage, ob in der nächsten Zeit eine kinderliebe Hühnerschar zur Ausleihe bereitstünde. Die Antwort war ernüchternd. Sie lautete: »Tut uns leid, wir sind bis Ende des Jahres ausgebucht.«

Ich konnte es nicht glauben. Bis Ende des Jahres? Jetzt war erst Anfang März. Ich dachte, wir hätten einen Geheimtipp entdeckt, eine Nische betreten, eine krude Geschäftsidee aufgespürt. Aber nein. In was für Zeiten lebten wir eigentlich?

Emsig recherchierte ich weiter und fand einen *Chicken-on-Tour* genannten Großverleih in Ratingen. Ratingen. Das war nur eine Autostunde weit entfernt. Ich rief dort an, und wir bekamen tatsächlich die Zusage, fünf Hühner für zwei Wochen für viel Geld zu borgen.

Und dann war es so weit. Unter großem Hallo und Holleri wurde der Hühner-Hallodri empfangen. Wir schleppten einen kleinen Stall auf die Wiese, Umzäunung drum, fertig! Nun wurden die Hühner aus ihren Katzenkörben gelassen, und die Kinder durften sie einzeln ins Gehege schmeißen. Herrlich. Danach schmiss ich die Kinder ins Gehege, schloss ab und machte mir einen schönen Nachmittag mit meiner Frau. Witzig, wenn man die eigenen Gedanken einfach mal aufschreibt. Im Ernst, ich würde die Kinder natürlich niemals ins Gehege schmeißen. Denn wir alle wissen spätestens seit den Bundesjugendspielen: Jungens werfen. Mädchen schmeißen. Genauso wie Jungens fangen. Und Mädchen schnappen. Aber das ist eine andere Geschichte.

Was machen Kinder als Erstes mit neuen Tieren? Sie wollen sie fangen, auf den Arm nehmen und ihnen Namen geben.

»Hab ich dich.«

»Die wollte ich gerade nehmen.«

»Nimm doch die da.«
»Die ist zu schnell.«
»Das hier ist meine.«
»Nein.«
»Doch.«
»Aua.«
»Was ist denn?«
»Die hat mich voll gebissen.«
»Hühner können nicht beißen.«
»Dann eben gepickt. Aua. Das blutet.«
»Scheiße.«
»Mama.«
»Ja?«
»Ich blute.«
»Komme.«
»Das ist auf jeden Fall nicht meine.«
»Mama!«
»Und was hast du?«
»Die hat mir voll auf die Jacke gekackt.«
»Dann ist das aber deine.«
»Nein.«
»Doch. Wir nennen sie Kacki.«
»Aber die kacken doch alle.«
»Iiieh. Mama!«
»Könnt ihr auch mal euren Vater rufen?«

Wir Eltern wussten sofort: Das Ganze war eine gute Idee. Die Kinder hatten zu tun (die Hühner betreuen), meine Frau hatte zu tun (mehr Wäsche waschen), und ich hatte zu tun (alles überwachen). Hühnerhaltung macht im Prinzip weniger Arbeit als Hundehaltung. Weil der erzieherische

Aspekt wegfällt. Es gibt im Grunde nur drei zwingend zu erledigende Aufgaben. Erstens: Täglich Futter in den Futterautomaten schütten. Zweitens: Täglich die Eier aus dem Stall holen. Drittens: Alle paar Tage den Stall sauber machen.

Für mich waren die Hühner von Anfang an reine Nutztiere, zu denen ich ein ausschließlich wirtschaftliches Verhältnis hatte. Sie waren Teil eines Tauschgeschäfts. Futter gegen Eier. Tag für Tag. Das war der Deal. Ohne Stress. Ohne Gelaber. Ohne Verhandlungsspielraum.

Die Kinder aber bauten, weil sie Kinder sind, echte emotionale Beziehungen zu dem domestizierten Federvieh auf. Der tägliche stundenlange Kontakt, das Streicheln, Reden und Sich-vollkacken-Lassen verband diese acht Lebewesen auf ganz natürliche Weise. Für mich waren es fünf geliehene Legehennen, für die Kinder waren es Begleiter

mit eigenem Charakter. Und natürlich mit eigenen Namen. Sie hießen Wilma, Trudi, Frida, Lotta und Lohma. Warum auch immer.

Am dritten Tag saß ich ganz allein vorm Gehege und beobachtete in aller Ruhe das Treiben darin. Wahnsinn, wie belebt so ein Garten aussieht, wenn plötzlich fünf Eierlegerinnen darin umhergeistern, die einfach fröhlich vor sich hin gackern. Als wäre es das Normalste auf der Welt. Und die Bewegungsabläufe draufhaben, derer man sich beim Eier- oder Brathähnchenkauf gar nicht bewusst ist. Die ihren Kopf ständig nach vorn und wieder zurück reißen, als hätten sie einen kleinen Dachschaden. Das ist, so wissen wir heute, aber nur eine optische Täuschung. Der Kopf wird nicht andauernd hin und her geschoben. In Wahrheit bewegt sich der Körper unter dem fixierten Kopf nach vorn. Der Kopf muss kurzzeitig stillstehen, damit das Huhn ein scharfes Abbild seiner Umgebung erhält. Sobald das Bild auf der Netzhaut stabil ist, wirft es den Kopf mit Schmackes wieder nach vorn, wo er wieder ein Sekündchen verharrt, während der Körper drunter herläuft, und so weiter und so weiter.

Und zwischen diesem typischen Gehen liegen die Frequenzen des triebhaften Scharrens. Erst mit rechts und dann mit links wird die Bodenoberfläche flott nach hinten gerecht, anschließend geht es blitzschnell einen Schritt zurück, und dann wird geprüft, ob Fressbares zu sehen ist, wonach zu picken sich lohnt. Meistens nicht. Auf ein Neues.

Gackern und Picken. Gucken und Fressen. Verharren und Scharren. Egal, wie es aussieht. Egal, was die andern sagen. Ein Leben lang. Ohne Probleme. Ohne Gedanken. Und ohne Nackenschmerzen. Beneidenswert.

Es waren sehr schöne zwei Wochen. Jedes Kind hatte feste Aufgaben, übernahm Verantwortung, und wir alle lernten eine Menge über dieses uns bis dato unbekannte Tier, das neugierig, sportlich, schutzbedürftig, frech und gesellig ist. Dann kam der Tag der Abholung. Als der Verleihgeschäftemacher mit dem schwarzen Geländewagen samt Hänger vorfuhr, begann der tränenreichste Abschied, den ich je erlebt habe. Alle drei Kinder weinten so herzzerreißend, dass er mir fast leidtat, der windige Hühnerdieb. »Das bin ich gewohnt. Freude beim Bringen, Geheule beim Holen. Das ist immer so«, sprach er ungerührt, verfrachtete alles ordnungsgemäß und brauste davon.

Mit wässrigen Augen sahen wir ihm nach und dann uns an. Allen war klar, dass wir noch einmal Hühner leihen mussten, um die aufgescharrten Wunden zu heilen. Weil die Ratinger nach eigenen Angaben bis auf Weiteres ausgebucht waren, kontaktierte ich Jenny noch einmal und beschrieb ihr die familiäre Notlage. Und keinen Tag später antwortete sie, dass eine Familie abgesprungen sei und dass sie uns vom 26. März bis zum 17. April, also über Ostern, vier Hennen leihen könne. Mit Stall, Zaun, Futter und Fachbuch zum Nachschlagen. Vier Hühner. Hühner, die Eier legen. Über Ostern. Ostern! Das Fest der Eier. Beziehungsweise der Auferstehung. Egal. Yeah. Wahnsinn. Jubel. Die Freude darüber war laut und überschäumend, bis ich »RUHE!« rief. »Denkt daran, es sind wieder Heih-Lühner. Äh, ich meine Leihhühner. LEIHHÜHNER! Und nur vier.«

»Ja, Papa. Haben wir verstanden.«

Die Lieferung erfolgte planmäßig. Alles war wie beim ersten Mal. Aufbauen. Hühner rein. Fertig.

»Unser Ziel«, erklärte Jenny, die mit ihrem Mann gekommen war, »ist nicht ausschließlich das Geldverdienen.«

»Genau«, fügte er hinzu. »Eigentlich geht es uns primär darum, die Menschen dazu zu bewegen, in Zukunft eigene Hühner zu halten. Das wäre für Millionen von Menschen in Deutschland möglich.«

»Ja. Alle, die einen kleinen Garten haben, könnten das. Stellt euch das mal vor!«

»Unser Ziel ist eigentlich, die Wertschätzung für das Lebensmittel Ei, das in so vielen Produkten enthalten ist, zu verändern.«

»Und das ändert sich mit eigenen Hühnern. Das könnt ihr uns glauben.«

»Und natürlich auch das Verhältnis zu Hühnerfleisch. Aus Massentierhaltung möchte man danach nichts mehr haben.«

»Nein. Niemals. Es verändert ganz viele Gesichtspunkte. Und jetzt wünschen wir euch ganz viel Spaß.«

»Danke euch beiden«, sagte ich. »Vielen lieben Dank. Und immer dran denken: Auch Sommersprossen sind Gesichtspunkte. Tschö.«

So bin ich. Am Ende muss ich immer noch einen Gag raushauen.

Die Kinder waren wieder sofort damit beschäftigt, sich Namen für die gefiederten Vier zu überlegen. Mein Gedanke war: Alles, was einen Namen hat, isst man nicht so leicht. Coco, Berta, Emsi und Tiffy waren diesmal die präferierten Ruftitel für die dreizehigen Stangenhocker. Die Tiere waren weniger bunt und im Gegensatz zur ersten Fuhre erheblich zahmer. Mehrere Stunden täglich verbrachten die Kinder mit ihnen, und allein das Beobachten dieses innigen und intensiven Spiels machte auch ihre Eltern glücklich. Schon deshalb, weil so der ganze zermürbende Corona-Kram in ihrem Kopf wieder ein Stück beiseitegeschoben wurde.

II. Listige Leihgeschäfte

Wie kam es nun zum eigenen Huhn? Es war relativ simpel. Parallel zu den geliehenen Tieren verfolgten wir seit einer Woche eine wilde Stockente, die am Teich hinterm Haus brütete. Immer, wenn sie unterwegs war, liefen die Kinder zum Nest und zählten die Eier. Zwölf Enteneier lagen dort, um schon bald wieder von ihrer Mutter gewärmt zu werden. Von der Mutter, die Elfriede Jodoca Kwak hieß und die sich andauernd fragte, warum sie so fröhlich ist.

Wenn man tagelang mitfiebert mit einer Tiermutter, die eine so große Aufgabe zu bewältigen hat, dann ist es umso tragischer, wenn eines morgens nur noch ein Ei im Nest liegt. Ein Ei. Statt zwölf. Wer macht denn so etwas? Der MARDER. Und was macht der sich überschätzende Stadtmensch beim Anblick dieses offensichtlichen Naturversagens? Er holt sich das letzte einsame Ei und legt es in seinen Backofen. Genauso ist es passiert.

»Mama, Papa, da sind nur noch … da ist nur noch ein Ei.«

»Fuck.«

»Na.«

»Ich meine What the Mist ist da denn passiert?«

»Der Marder?«

»Der Marder, der alte Eierschlürfer.«

»Was machen wir jetzt?«

»Ich gucke mir das Ei mal an.«

»Und ich gucke mal im Netz.«

»Im Netz?«

»Im Internet.«

Dort stand tatsächlich, dass man Enteneier problemlos im Backofen großziehen kann. Beziehungsweise zum Schlüpfen animieren. Nur durch die richtige Temperatur. Und durch die richtige Luftfeuchte. Ganz easy. Man muss einfach nur eine Schale mit Wasser reinstellen. Gelesen. Getan. Ein Mann der Tat, das ist er, euer Vater!

Es dauerte nicht lang, da tauchten die ersten Interessenskonflikte auf. Allerdings Interessenskonflikte ohne Inter. Also Essenskonflikte.

»Heute gibt es Pizza.«

»Geht nicht.«

»Ich mache einen Auflauf.«

»Nein.«

»Kuchen, wir backen Kuchen.«

»Hier wird gar nichts gebacken, weil das verkackte Entenei seit fünf Tagen bei 38 Grad vor sich hin schmort.«

»Oh, Menno.«

»Und wenn das Küken irgendwann spätabends schlüpft und wir das nicht mitkriegen, dann ist es morgens gar und zart.«

»Papa, du bist manchmal echt ekelhaft.«

Ich rief also Jenny an und fragte, ob sie einen Brutautomaten für unser kleines Entenei habe, den sie uns leihen könne, damit wir den Backofen wieder nutzen könnten. Natürlich verleihe sie neben Hühnern auch Brutautomaten, sagte sie.

Und zwar ganz ohne Ironie. Fand ich witzig. Ich fuhr hin, sie gab mir einen großen Korb mit Zeugs, ich stellte ihn ins Auto und schaute dann hinein. Ich erblickte wie erwartet die Umverpackung eines Brutautomaten. Gut. Aber daneben lagen noch zwei Eierkartons. Komisch. Ich öffnete sie und registrierte: Sie waren voll. Mit zwei mal zehn Eiern. Also mit zwanzig Eiern. Jenny schenkte uns zwanzig Eier. So viele Eier? Sollten wir ihr einen Kuchen backen, wenn unser Ofen wieder frei war? Einen Eierkuchen? Oder war das Rezept für Eierlikör mit im Korb? Erwartete sie eine kulinarische Gegenleistung für den Verleih des Brutautomaten? Oder war es eine List?

Es dauerte einige Sekunden, bis ich begriff. Dann durchfuhr mich ein wilder Schauer. Ein Schauer aus Gefühlen und Bildern. Als würde nicht mein bisheriges, sondern mein zukünftiges Leben in aufblitzenden Fotos an mir vorüberziehen. Ich sah Eier, zwanzig Eier in einem Brutkasten, ich sah schlüpfende Küken, strahlende Kinderaugen und die Gewissheit, dass wir diese Küken nie wieder loswürden. Weil sie nicht ausgeliehen sind. Dass sie wachsen. Dass sie zu Hühnern werden. Dass wir sie nie essen können. Weil sie Namen haben. Oder sie werden zu Hähnen. Die uns morgens in aller Herrgottsfrühe wachkrähen. Wir werden nie wieder ausschlafen können. Wir werden nie wieder unsere Ruhe haben. Wir werden nicht mehr in den Urlaub fahren können. Und wir werden viel zu viele Eier essen. Müssen! Das Cholesterin wird uns fertigmachen. Es wird unsere Körper verengen und von innen heraus zersetzen. Es wird unsere Adern verkleben und so die Pläne für einen geruhsamen Lebensabend zunichtemachen wie der Marder die Familienplanung der Ente.

Aufgepasst, dachte ich. Hier war Obacht geboten. Das hier war das Gegenteil von einem Verleihgeschäft. Hier ging es um etwas ganz anderes. Hier ging es darum, neue Besitz- und Abhängigkeitsverhältnisse zu etablieren. Jenny und ihr obskurer Gatte wollten hier und heute mein Leben grundlegend umkrempeln. Dieser Korb in meinem Auto, das war nichts anderes als der perfide Versuch der beiden, ihre kranke Agenda umzusetzen. Nämlich alle Menschen zu Hühnerhaltern zu machen. Jenny kam zu mir.

»Alles klar, Johann?«

»Was?«

»Ob alles klar ist?«

»Jaja.«

»Dann ist ja gut.«

»Jenny, hier liegen Eier.«

»Ja?«

»Ja, hier liegen Eier.«

»Ach.«

»Warum liegen hier Eier?«

»Tja.«

»Jenny! Warum hier Eier liegen?«

»Johann. Das sind befruchtete Eier. Ich dachte, vielleicht wollt ihr ein paar ausbrüten.«

»Was?«

»Ja, mit dem Brutautomaten.«

»Warum?«

»Wäre doch schön.«

»Für wen?«

»Für die Kinder. Einmal im Leben sehen, wie Küken schlüpfen.«

»Sagt wer?«

»So etwas berührt jeden, Johann.«

»Ach.«

»Das vergisst man sein Leben lang nicht.«

»Na und?«

»Willst du ihnen dieses Erlebnis vorenthalten?«

»Was geht dich das an?«

»Ich meine ja nur. Wenn ich meine Hühner in ein paar Tagen zurückhole, dann werden eure Kinder wieder derbe rumheulen.«

»Ja, und?«

»Ich sag's nur.«

»Aha.«

»So ein Abschied kann punktuell traumatisch sein. Kurz- aber auch langfristig. Gerade für so junge und … ich sag mal … intelligente Kinder.«

»So?«

»Mit eigenen Küken wird das aufgefangen. Und die Kinder sind bei der Entstehung neuen Lebens dabei. Und erfahren so etwas über dessen Lauf.«

»Ja.«

»Und sie lernen natürlich grundlegende Fertigkeiten.«

»Ja.«

»Fürsorge. Verantwortung. Pflichtbewusstsein.«

»Ja.«

»Da profitieren am Ende auch die Eltern von.«

»Ja.«

»Wenn die Kinder euch irgendwann pflegen.«

»Ja.«

»Jetzt fahr schon, Johann. Fahr.«

»Ja.«

Wie in Trance setzte ich mich ans Steuer und fuhr los. Sie hatte mich derart eingelullt mit ihren pädagogischen Argumenten, dass ich jeder Gegenwehr beraubt war. In einer Parkbucht hielt ich an, ging zum Kofferraum, nahm die Eierkartons und warf sie mit Schmackes in den Straßengraben. Während der gesamten Fahrt ging ich dieses Szenario durch. Immer und immer wieder. Dann war ich am Haus angekommen.

»Papa. Papa. Hast du den Brutautomaten für das Ei?«

»Na klar. Hey, ich bin euer Papa.«

»Ja, cool. Wo denn?«

»Hinten. Im Kofferraum.«

»Ich hole ihn.«

»Nein, ich.«

»Wo ist er denn?«

»Hier in dem Korb?«

»Ja.«

»Und Eier? Sind da Eier drin?«

»Ich weiß nicht.«

»Ja, da sind Eier drin. Zwanzig Eier. So viele. Wofür?«

»Ich weiß nicht. Ich wollte das kurz mit eurer Mutter besprechen.«

»Können wir die auch ausbrüten?«

»Ich weiß nicht.«

»Ja, machen wir einfach.«

»Was ist denn? Eier?«

»Ja, Jenny hat mir befruchtete Eier mitgegeben.«

»Befruchtete Eier?«

»Ja.«

»Warum flüsterst du?«

»BEFRUCHTETE EIER?«

»Fuck, jetzt haben sie es gehört.«

»Ja und?«

»Weißt du, was das bedeutet?«

»Was es bedeutet, wenn wir befruchtete Eier ausbrüten? Äh, keine Ahnung.«

»Das heißt: Küken. Hühner. Kein Zurückgeben mehr.«

»LEUTE, WIR HABEN BEFRUCHTETE EIER!«

»RUHE! Hört mir mal zu. Ich bin dafür, dass wir Jenny die Eier wieder zurückgeben.«

»Was? Wieso? Nein.«

»Auf gar keinen Fall.«

»Papa, warum hast du die dann mitgebracht?«

»Ich wollte euch eine Möglichkeit zeigen, bei der ich aber dagegen bin.«

»Häh? Papa, was redest du da?«

»Es gibt allerdings eine Möglichkeit beziehungsweise Bedingung, unter der ich einverstanden wäre.«

»Jetzt bin ich gespannt.«

»Nur, wenn diese Bedingung akzeptiert wird, nur dann lasse ich mich darauf ein, dass unser Leben grundsätzlich … also dass es ein neues, ein anderes Gesicht bekommt, eine …«

»Alter, komm zu Potte.«

»Ich möchte euch sagen, dass ich bereitstehe, mitzuhelfen. Ich baue euch einen Stall, besorge euch Futter, fahre sie zum Tierarzt, alles.«

»Cool.«

»Aber ich werde nie im Leben ihre Scheiße wegmachen.«

»Also so wie beim Hund.«

»Genau. So wie beim Hund.«

»Da hast du es ja auch ziemlich brutal durchgezogen.«

»Ich weiß. Und so wird es auch bei den Hühnern werden.«

»Kriegen wir das hin, Kinder?«

»JAAAAAA.«

Kapitel 14

Erinnerungen an ganz früher

Was für ein Wahnsinn. Was für ein Tag. Was für weitreichende Folgen würde dieser eine Tag haben? Ich hatte mich einfach überrumpeln lassen. Wie beim Hund. Allerdings hatte ich den Ausweg selbst in der Hand gehabt. Den Ausweg über den Straßengraben. Aber ich war zu schwach. Nun gab es kein Zurück mehr. Der Brutkasten wurde ohne Zeitverzug in Betrieb genommen.

Bis zum Schlüpfen liegen die Hühnereier etwa drei Wochen lang im Brutkasten. Ich selbst lag dort fünf Wochen. Nach meiner Geburt, und das stimmt wirklich, war ich etwas mickrig. Ziemlich mickrig sogar. Meine Schädeldecke war dünn, mein Kopf formbar wie ein platter Fußball. Eine Stunde nach dem Eintritt ins Leben wurde ich aus den Armen meiner Mutter gerissen und direkt in den Inkubator gelegt. Ganze fünf Wochen lang lag ich dort. Fünf Wochen lang hatte ich ausschließlich Kontakt zu Krankenschwestern und Ärzten. Das war damals so üblich. Ungegendert. Meine Mutter schlich oft mit Tränen in den Augen auf den Balkon der Station, wo sie einen milchigen Blick auf mich erhaschen konnte. Fünf Wochen lang, Tag für Tag. Sie sah mich da liegen. Hilflos, und doch sicher und beschützt. Versorgt mit allem, was ein Säugling offiziell zum Leben braucht. Nahrung und Trinken. Licht und Wärme. Ruhe und Bewegung. Die physischen Grundbedürfnisse wurden allesamt gestillt. Aber was war mit dem, was auch nötig ist, was Bindung herstellt und für Urvertrauen sorgt? Mit Liebe. Mit echter Liebe. Mit Mutterliebe. Mit mütterlicher Nähe und Ansprache. Mit Körperkontakt und olfaktorischer Kommunikation.

Dies waren meine Gedanken, als ich nachts um halb eins mit dem vierten Bier in der Hand die einundzwanzig Eier im Brutautomaten betrachtete.

»Willst du nicht mal ins Bett kommen?«, fragte meine Frau.

»Jetzt schon?«

»Es ist halb zwei.«

»Nein. Halb eins.«

»Ich gehe jetzt. Gute Nacht.«

»Mir wird gerade so vieles klar.«

»Was wird dir klar?«

»Alles. Das ganze …«

»Ja, was denn?«

»Einfach, wie sich meine Mutter gefühlt haben muss.«

»Deine Mutter?«

»Ja. Ich weiß nicht, ob ich dir das schon mal erzählt habe …«

»Was denn?«

»Na ja. Ich bin ja nicht ganz normal aufgewachsen. Die ersten fünf Wochen …«

»… warst du im Brutkasten. *Die* Geschichte? Hast du gerade ernsthaft gefragt, ob du mir das schon einmal erzählt hast?«

»Ja. Habe ich?«

»Ich geh ins Bett.«

»Warte mal. Genau wie diese Eier. So lag ich da. Klein. Weich. Verwundbar.«

»Die Eier sind weich?«

»Hör mir doch mal zu. Ich lag da, und niemand wusste, was mal aus mir wird. Genau wie hier bei den Eiern. Und ohne den Brutkasten wäre ich vielleicht gestorben. Genau wie die Eier hier. Kannst du dir das vorstellen? Der Brutkasten ist also ein Lebensretter, und trotzdem ist es eine gespenstische Verlorenheit, die mich bei diesem Anblick hier anspringt. Eine technisierte und sichere Ungeborgenheit.«

»Was?«

»Die Frage ist doch: Wo ist die Henne? Stell dir vor, eine Glucke säße auf diesen Eiern. DAS wäre natürlich. DA wäre echte Nähe und echte Wärme vorhanden. Aber hier? Hier wird die Temperatur eingestellt. Und die Luftfeuchtigkeit. Das ist alles, was gebraucht wird. Und so wird man das Kind schon schaukeln, oder was?«

»Du bist ja betrunken.«

»HÖR MIR ZU. Meine Mutter ist dieses Trauma nie mehr richtig losgeworden. Noch heute, wenn ich sie besuche, umarmt sie mich. Und zwar lange. Sehr lange. Ein bisschen *zu* lange. Auffällig lange. Ist dir das schon mal aufgefallen?«

»Du spinnst doch.«

»Und ich? Ist dir mal aufgefallen, dass ich sehr oft bade?«

»Häh?«

»Dass ich für mein Leben gerne in warmem Wasser liege? Dass ich die Geborgenheit und Wärme, die mich komplett umschließt wie eine nasse warme Decke, dass ich fast süchtig danach bin?«

»Ich schlaf jetzt.«

»Du nimmst mich überhaupt nicht ernst. Kannst du dir

vorstellen, was es mit einem Menschen macht, wenn man so aufwächst? Genau wie hier mit den Eiern. Glaubst du, das werden glückliche Hühner?«

»Du musst erstens leiser sprechen, damit die Kinder nicht aufwachen. Zweitens bist du nicht im Brutkasten *aufgewachsen*, sondern hast dort nur fünf Wochen verbracht. Und drittens: Beim Anblick dieser Eier die Gefühle deiner Mutter nachzuempfinden, das ist krank. Das kann eigentlich nur jemand, der die Eier auch befruchtet hat.«

»Krank? Die ganze Aktion hier ist krank. Wir werden uns noch umgucken. Eier ausbrüten in der eigenen Wohnung. Wie krank kann man sein?«

»Gute Nacht.«

Kapitel 15

Die Brut überwacht die Brut

Wie gesagt, drei Wochen müssen die Eier im Brutkasten liegen. Das sind Pi mal Daumen einundzwanzig Tage. Bei einer Temperatur von 37,5 Grad Celsius. Und einer Luftfeuchtigkeit von fünfzig Prozent. In dieser gesamten Zeitstrecke ist eine Tugend gefragt, die bei Kindern nicht zur Werksausstattung gehört: nämlich Geduld.

Glücklicherweise erleichtern hier notwendige Überwachungsmaßnahmen und Einstellungsänderungen das Warten. Die ersten drei Tage sind die wichtigsten. In dieser Zeit sind die Embryonen extrem empfindlich, die Eier sollten nicht gewendet, geschweige denn entnommen werden. In den Tagen vier bis achtzehn stellt man den Automaten so ein, dass er die Eier fünf- bis zehnmal am Tag dreht, damit die Keimscheibe nicht festklebt. Na klar. Warum auch sonst? Das ist wie beim Auto. Wenn sich der Reifen nicht dreht, klebt irgendwann die Bremsscheibe fest. So kann man sich das gut merken. Jetzt können die Eier auch *geschiert* werden, das heißt, mit einer speziellen Taschenlampe durchleuchtet. So kann man die Entwicklung des Embryos beobachten. Oder auch nicht. Wie bei unbefruchteten Gesellen. Am neunzehnten Tag wird der Brüter ein letztes Mal geöffnet, die Eier werden von der Wendeeinrichtung heruntergenommen und auf die ebene Schlüpffläche gelegt. Wichtig ist, dass nun die Temperatur um 0,3 auf 37,2 Grad reduziert und die Luftfeuchte aufs Maximum erhöht wird. Halleluja.

Jenny meinte, dass erfahrungsgemäß fünf bis sieben Küken aus unseren zwanzig Eiern schlüpfen werden, da ein Hahn im Schnitt sieben Hennen »schafft« und ihr Hahn mit zwanzig Hennen im Stall campierte. Verstanden. Die Eier der Embryos, die sich nicht weiterentwickelten, sollten wir entsorgen.

Wir brauchten also eine Schierlampe. Das jüngste Kind gab in die Suchmaschine »Ai schieren« ein, und die Suchmaschine fragte zurück: »Meinten Sie Ad Sheeran?« Wir haben sehr gelacht. Zwei Tage später kam die Lampe, und wir schierten fleißig Ei für Ei. Unsere Beobachtungen notierten wir akribisch in eine Tabelle. »Wenn du noch mal schwanger wirst, dann schiere ich dich auch«, sagte ich zu meiner Frau, die daraufhin nur eine Augenbraue hochzog.

Als völlig unerfahrene Schierer glaubten wir, in vierzehn der zwanzig Eier Veränderungen zu erkennen, die Leben bedeuteten. Zarte, langgezogene Äderchen, die sich immer mehr zu einem Netz verdichteten. Ein winziger dunkler Fleck, der größer wird und das Herz sein könnte. Und auch ein wachsender Keim war deutlich zu erkennen. Wir markierten vierzehn Eier mit einem Punkt und sechs mit einem Kreuz. Vierzehn lebten also unserer Einschätzung nach. Jenny hatte sieben vermutet. Vierzehn gegenüber sieben. Das war ein Unterschied von hundert Prozent! Wir waren so verunsichert, dass wir es nicht fertigbrachten, die Totgeglaubten zu entsorgen.

Kapitel 16

Erwachen in der Dampfsauna

Die Kinder waren jetzt nicht mehr vom Brutautomaten wegzukriegen. Und plötzlich ging es endlich los! Ein Ei begann leicht zu wackeln. Die Schale vibrierte, ein leises Piepsen war zu hören, und dann pickte sich die erste Schnabelspitze nach außen durch. Dabei benutzt das Küken den sogenannten Eizahn, eine spitze Verhärtung am Oberschnabel, die später wieder abfällt. Und dann? Ja, und dann kann es noch bis zu zwölf Stunden dauern, bis sich das nasse blinde unbeholfene Federknäuel richtig freigestrampelt hat.

Wie gebannt beobachteten wir das Spektakel, das sich parallel immer öfter wiederholte. Drei Küken schlüpften innerhalb von zwei Stunden. Dann ging ich kurz in die Badewanne. Als ich zwei Stunden später wiederkam, waren es bereits fünf. Fünf Küken, die nach der mühsamen Befreiung aus der Kalziumkapsel völlig fertig umhertapsten oder ihr verklebtes Federkleid tapfer in den feucht-warmen Wind des Luftbefeuchters hielten. Am nächsten Morgen wurde ich geweckt mit der Ansage: »PAPA. ACHT. ACHT. ACHT SIND ES JETZT!« Krass. Schon eines mehr, als Jenny geschätzt hatte. Die Kinder frühstückten ihr Müsli in der Diele, immer mit Blick auf die durchsichtige Dampfbadkuppel. Und das lohnte sich, denn der kommende Tag brachte noch einmal sieben Küken. SIEBEN! Sieben plus acht sind? Genau. Dreizehn. Dreizehn verdatterte Dotteraugen watschelten wie besoffen durch den immer kleiner werdenden Brutautomaten. Da hat der Hahn ja mal ganze Arbeit geleistet, dachte ich beim Anblick der Geschlüpften. Und wir hatten mit unserem Schierprotokoll gar nicht so weit danebengelegen. Sieben Eier blieben am Ende unbewegt liegen. Ebenso wie das kleine Entenei, das uns das ganze Drama eingebrockt hatte.

Kapitel 17

Von Schlüpfern und gespreizten Beinen

Als wir die immer munterer werdenden und frisch geföhnten Puschelbällchen in ihr neues Zuhause, einen schönen großen Pappkarton, setzten, fielen uns drei Behinderte beziehungsweise besonders Herausgeforderte auf, die irgendwie nicht klarkamen. Wir hatten, wie empfohlen, keinem Küken beim Eiaufbrechen geholfen. Wer das nicht allein schafft, der ist zu schwach für diese Welt, heißt es. Der würde später gemobbt und gehänselt und überrannt werden. So ist die Natur. Survival of the Fittest. Überleben der Stärksten. Ich sag nur: Darwin, der alte Evolutionstheoretiker. Der hat damals auch überlebt. Seinen großen Kampf. Darwin gegen Goliath. Aber das ist eine andere Geschichte.

Bei einem Hühnchen klebte der Rest vom schwarzen Dottersack noch am Hintern fest. Immer, wenn es runter in die Hocke gehen wollte, schmerzte der Sack am Arsch, und es drückte sich augenblicklich wieder in die Streckung. Das war vermutlich unfassbar anstrengend und sah dabei unfassbar lustig aus. Wir lachten viel und lange. Aber dann, nach zwei drei Tagen, wurde das Mitleid doch größer als die Schadenfreude. Zumindest bei den Kindern. Meine Frau nahm das fünfzig Gramm leichte Etwas, tunkte es in eine Müslischale mit warmem Wasser und versuchte so, die Dotterhämorrhoide abzuspülen. Das gefiel der widerspenstigen kleinen Kröte aber mal überhaupt nicht. Sie machte ein Gezeter, als würde sie gleich in den Schredder geworfen. Aber die Waschung wurde knallhart durchgezogen und war am Ende erfolgreich. Im Pappkartonhaus beruhigte sich das Küken wieder. Die Flauschfreunde empfingen es mit feinfühligen Kommentaren: »Na, hats geregnet?« – »Oh, schöner Arsch.« – »Ach, hat man dir den Dotterschlüppi entfernt?«

Zwei der dreizehn Küken fielen dadurch auf, dass sie ständig hinfielen. Beziehungsweise gar nicht hochkamen. Ihre Beine beziehungsweise Füßchen zeigten immer in unterschiedliche Richtungen. Sie saßen wie im Spagat und versuchten verzweifelt, sich fortzubewegen. So wie unsere Mittlere, die, kurz bevor sie laufen lernte, sich sitzend fortbewegte. Sie streckte ihre Hände nach vorne, drückte sie auf den Boden und zog sich dann selbst mit aller Kraft hinter sich her. Das Problem hier: Küken haben keine Hände. Nicht mal Arme. Die beiden lagen wie doof im Weg herum, und die Geschwister trampelten munter über sie drüber. Das war vermutlich unfassbar unangenehm und sah dabei unfassbar lustig aus. Wir lachten viel und lange. Aber dann, nach zwei drei Tagen, wurde das Mitleid doch größer als die Schadenfreude. Zumindest bei den Kindern.

Meine Frau nahm das fünfzig Gramm leichte Etwas, und wir begannen mit verschiedenen Operationen, die wir uns vorher ganz genau bei YouTube angeguckt hatten. Ziel des Eingriffs war es, die Beinchen so miteinander zu verbinden, dass sie immer hüftbreit auseinanderstanden. Als Erstes versuchten wir dies mit einem Gummiband. Wir knoteten es in der Mitte, sodass zwei Ösen entstanden, durch die wir jeweils ein Füßchen steckten. Dabei dürfen die Ösen nicht zu groß sein, um ein Rausschlüpfen zu verhindern, und nicht zu eng, um einen Blutstau zu vermeiden. Außerdem muss das Gummi die richtige Länge haben. Klingt, wenn ich es noch mal lese, irgendwie nach einer schlüpfrigen Angelegenheit. War es aber mitnichten. Als wir es samt Gummiband loslaufen ließen, flog es auf die Fresse, verhedderte sich oder lag einfach nur da, genervt und enttäuscht über unser Unvermögen. Im Grunde wurde das hilflose Geschöpf durch unsere Versuche noch hilfloser. Okay. Wir hatten verstanden. Großer Mist war Gummitwist.

Weiter im Text. Die Klebebandmethode schien erfolgversprechender zu sein, weil das Klebeband im Gegensatz zum Gummi nicht elastisch war. Und klebte. Ich hatte noch etwas Gaffer Tape von meinem Tourtechniker in der Schublade und riss es eilig in dünne Streifen. Meine Frau hielt das strampelnde und piepsende Küken, um nicht zu sagen Kükchen, in der rechten Hand, mit dem Wissen, es ohne mit der Augenbraue zu zucken erdrücken zu können. Es musste jetzt schnell gehen, das war auch den Kindern klar, die gebannt mitfieberten bei diesem sorgfältig vorbereiteten Amateurmanöver ihrer YouTube-affinen Übereltern. Der Kleber hielt am ersten Beinchen, aber als ich das zweite umkleben wollte, unterlief mir ein kleiner Fehler. Die fixierte Stelle war zu weit oben. Ich zog das Gaffer wieder ab, und ein herzerweichender Piepsschrei durchfuhr unsere Gemüter. Ein nie gehörter hoher Ton. Das harte Tape, ursprünglich dafür hergestellt, um in einer Stadthalle bei einer Show-Vorbereitung Kabel zu fixieren, Laufwege zu markieren oder Vorhänge zu verbinden, hatte in diesem Moment ein Stück der pergamentdünnen Haut unseres flauschigen Spreizbeins abgerissen.

»Oh, sorry. Scheiße, ist das klein. Was machen wir hier eigentlich?«

»Ganz ruhig. Wir müssen noch mal gucken. Irgendwas haben wir falsch gemacht.«

Bei der dritten Methode banden wir zunächst eine Schlaufe aus einem Pflasterstreifen – mit der weißen Wundseite nach innen – um den winzigen Unterschenkel. So wurde ein Festkleben an der Haut verhindert. Anschließend umtapten wir das Ganze mit Gaffer. Und das schien tatsächlich zu funktionieren. Nach nur wenigen Minuten stand das erschöpfte gelbe Wesen eigenständig und stolz in einer Ecke des Kartons und machte schon bald die ersten Schritte durch das vielstimmige geschwisterliche Gewusel.

Die kommenden Wochen waren ohne Vergleich. Alles spielte sich in der Diele ab. Alles wurde darauf ausgerichtet, sooft wie möglich dort zu sein, um nichts zu verpassen. Wir vergaßen zu essen, zu trinken und zu schlafen. Während die Küken alle Pflege bekamen, die sie benötigten, setzte bei uns die Verwahrlosung ein. Den dreizehn drolligen Strolchen beim Entdecken der Welt zuzusehen war durch nichts zu ersetzen. Nicht, dass unsere Kinder je groß an digitalen Endgeräten gedaddelt hätten. Aber zum jetzigen Zeitpunkt hätten sie damit aufgehört. Ich schwöre!

Nachdem der Pappkarton trotz Zeitungen und Stroh komplett mit khakifarbenem Kükenkot vollgesogen war, besorgten wir einen kleinen Kaninchenstall. Der erleichterte das Hineinschauen. Dennoch stritten sich die Kinder schon beim Frühstück um die Sitzplätze mit dem besten Blick. Der größte Spaß entwickelte sich dann beim Spielen mit den quietschfidelen und quietschgelben Quietscheentchen.

»Guck mal, Papa. Das kann auf meinem Arm sitzen.«

»Meins ist gerade das ganze Bein hochgelaufen.«

»Mama, es sitzt auf meinem Kopf!«

»Toll.«

»Jetzt lege ich mich mal hin. Und du kommst auf meine Stirn.«

»O ja, das mache ich auch.«

»Hihi.«

»Was ist denn?«

»Das hat so gekitzelt, dass ich lachen musste, und dann ist es voll in meinen offenen Mund getapst. Wie in ein Loch.«

»Iiih, jetzt hat es mir in die Haare gekackt.«

»Na, ist doch besser als in den Mund.«

In dieser Zeit baute sich eine Bindung zwischen den Kindern und den Küken auf, die sehr, sehr lange halten sollte. Dieses Bindungsverhalten war durchaus vergleichbar mit dem zwischen Menscheneltern und -kindern. Zumindest in einigen Bereichen. Ständiges Ansprechen, Spielen, Körperkontakt, Wärme, Schutz, Nahrungsbereitstellung und Stallpflege waren auch uns Eltern aus den ersten Jahren mit den Kindern wohl vertraut. Es waren intuitive Handlungen. Die Kinder merkten intuitiv, dass die Küken ohne sie verloren waren. Sie übernahmen Verantwortung, weil sie sich verantwortlich fühlten. Und sie fühlten sich verantwortlich, weil sie wussten, dass ich mich nicht verantwortlich fühlte. Ich alter Fuchs. Verantwortungsübertragung durch Verantwortungsablehnung.

Die Kinder kamen eher nach meiner Frau. Sie nahmen

die unterschiedlichen Verhaltensweisen und Charaktereigenschaften, positive Entwicklungen und abnorme Veränderungen instinktsicher wahr und stellten das Wohlergehen der schutzbedürftigen Tiere über alles.

Nach einigen Wochen waren die Viecher derart gewachsen, dass der zur Verfügung stehende Platz pro Tier dem in einer Legebatterie nahekam. Ein zweiter Kaninchenstall musste her, um den Frieden in der Truppe nicht zu gefährden. Und mit den Wochen kam immer häufiger eine Frage auf den Tisch. Eine entscheidende und konsequenzenreiche Frage: Wie viele von ihnen können wir am Ende wirklich behalten? Und was geschieht mit den übrigen?

Kapitel 18

Hahn oder Henne?

»Also, Kinder. Eines ist klar. Wir können keine Hähne behalten.«

»Warum nicht?«

»Weil die Hähne mit den ersten Sonnenstrahlen wach werden und alle Menschen im Umkreis von fünf Kilometern wecken.«

»Ja, und?«

»Das ist verboten.«

»Gar nicht.«

»Du lügst doch.«

»Kannst du auch mal was sagen?«

»Papa hat recht. Nachbarn könnten uns wegen Ruhestörung verklagen, und spätestens dann müssten wir die Hähne wieder abgeben.«

»Dann warten wir eben so lange, bis uns die Nachbarn verklagen.«

»Oder wir geben denen immer Eier, damit die nicht sauer sind.«

»Oder wir halten den Hähnen den Schnabel zu.«

»RUHE. Ein für allemal: Hähne behalten wir nicht! Keine Diskussion. Ich könnte mir das auch beruflich gar nicht leisten. Was glaubt ihr, wie sich alle das Maul zerreißen würden. Die Zeitungen wären voll davon. Ich sehe schon die Schlagzeilen vor mir: *Bei dem piept's wohl! Comedy-Star terrorisiert die Nachbarschaft mit Gekrähe. Tiere vermutlich gar nicht angemeldet. Macht er seine sinkenden Einnahmen mit illegalen Hahnenkämpfen wett?*«

»Ja, ist gut. Die Kinder und ich haben verstanden.«

»Gut. Bleibt die Frage, wie viele Hühner behalten wir?«

»Wieso wie viele?«

»Alle natürlich!«

»Ja, genau.«

»Ich glaube, Papa meint Hennen.«

»RUHE. Bei euch piept's wohl. Wenn irgendwann wieder Schule ist, also richtig Schule, vor Ort, im Gebäude, im Schulgebäude, ihr erinnert euch?«

»Nein.«

»Dann müssen wir zurück in die Stadt.«

»Nein!«

»Doch.«

»Wir wollen hierbleiben.«

»Nein.«

»Doch.«

»Ruhe! Unser kleiner Garten in der Stadt bietet Platz für maximal vier Hühner.«

»Nein.«

»Doch.«

»Er meint Hennen.«

»Ich hab's ausgemessen. Wir haben dreizehn Hennen.«

»Du meinst Hühner, oder?«

»Hühner. Ja, wir haben dreizehn Hühner. Und die vier, bei denen wir uns am sichersten sind, dass es weibliche Hühner sind, also Hennen, und keine Krähen, ich meine keine krähende Hühner, also Hähne, die behalten wir.«

»Wir behalten die Hähne?«

»Hört mir eigentlich irgendwer zu hier in dem Irrenhaus?«

»Mein Vorschlag«, beruhigte meine Frau, »wir gucken jetzt erst einmal ganz in Ruhe, wie wir mit der Geschlechtsbestimmung vorankommen, und dann sehen wir weiter.«

Die Geschlechtsbestimmung bei Tierbabys, auch *Sexen* genannt, ist eine hochkomplizierte Angelegenheit. Für Küken gibt es mehrere Methoden: Beim Federsexen werden minimale Unterschiede im Federwachstum erkannt, das bei den weiblichen Tieren etwas früher einsetzt. Aber schon nach zwei Wochen ist diese Differenz gleich null. Man muss also schnell sein. Beim Kloakensexen, auch Quetschtest genannt, wird das Küken so lange mit einer Hand zusammengedrückt, bis die signifikanten Merkmale unten herausquellen. In der Hühnerindustrie eingesetzte Spezialmenschen mit viel Feingefühl können so bis zu zweitausend Küken pro Stunde sortieren. Maschinen wären dafür zu unsensibel.

Und dann gibt es natürlich noch die In-ovo-Methode, die pränatale Geschlechtsbestimmung im Brutei, die ein Schlüpfen der unrentablen männlichen Küken verhindern würde. Allerdings ist diese Methode selbst sehr unrentabel, unsicher und umstritten. Jedenfalls argumentieren so die Leute, die Schreddermaschinen verkaufen.

Für Normalmenschen wie uns sind Gewicht, Kammfarbe, Augenform und Verhalten die zu prüfenden Vergleichsparameter. Und so wurde es gemacht. Es wurde akribisch gemessen, beobachtet und notiert.

Wir begannen mit dem Gewicht. Damit ein tapsiges Küken auf einer digitalen Küchenwaage still stehen bleibt, muss man es einmal kurz anschreien. Kleiner Scherz. Man muss es kurz betäuben. Haha. Oder man setzt es einfach immer wieder auf die Waage, bis es einmal die erforderliche Zeit dort stehen bleibt. So geschah es zweimal in der Woche. Mal dreizehn. Herrlich. Die kleinen Hähne, also die Hähnchen, legen schneller an Gewicht zu als ihre Schwestern. Das Gewicht kam in die erste Spalte. Außerdem leuchten ihre Kämme in einem kräftigeren Rot und sind größer. Ein blutroter stehender Riesenkamm signalisiert dem Weibchen Stärke und Gesundheit. Das war die zweite Position in der großen Sexen-Tabelle. Die vorletzte Kategorie gehörte den Augen, die bei den angehenden Kampfhähnen nicht rund, sondern eher oval erscheinen. Vermutlich, damit der Gegner sie schlechter einschätzen kann.

Am schwierigsten und lustigsten war das letzte Kriterium, die Analyse des Verhaltens. Dazu wurde ein großes Kissen ohne Vorwarnung oben auf das Gitter des Kaninchenstalls geworfen. Das Kissen symbolisierte den Angriff eines Habichts. Oder den eines Weißkopfseeadlers, je nach Farbe des Kissens. Und dann musste man in dem vom lauten Aufprall des Kissens verschreckten Haufen blitzschnell zwei Verhaltensgruppen ausfindig machen und ihre Protagonisten identifizieren. Auf der einen Seite diejenigen Tiere, die furchtlos, wachsam und beschützend stehen blieben und nichts anderes im Sinn hatten, als dem Feind die Stirn zu bieten. Und zum anderen … die Mädchen. Die verängstigt wegliefen und sich zitternd in eine Ecke verkrochen.

Während dieser Versuche mit den eigenen Töchtern über Feminismus, Gleichberechtigung oder Geschlechterdiversität zu sprechen, das hatten wir Gott sei Dank nie vor. Genauso, wie wir es nie vorhatten, eigene Hühner zu halten. Oder im Winter in einem Fachwerkhäuschen ohne Heizung zu leben. Wobei das natürlich so ganz nicht stimmt, denn Elektroheizungen sind auch Heizungen. Dass sich der Stromzähler bei minus fünf Grad und Einfachverglasung freudig drehte wie ein getriebener Hula-Hoop-Reifen … geschenkt. Ist ja Naturstrom. Energiekosten einsparen konnten wir nur mithilfe des Holzofens. Wobei der Ofen schon aus Metall war. Holz kam hinein. In diesem wie im kommenden Winter, der die teuerste Heizperiode aller Zeiten werden sollte, verbrannten wir die Fichten, die uns wegen des Klimawandels vom Borkenkäfer ruiniert worden waren. Und so bekamen wir ein Gefühl dafür, wie sich die verschiedenen Krisen miteinander verknoteten.

Kapitel 19

Von der Realität eingeholt

Die sich ständig verändernde Pandemie- und Maßnahmensituation führte natürlich auch bei uns – trotz allem – zu Stimmungsschwankungen, die es aufzufangen galt. Und eigentlich war es nur logisch, dass diese wechselnden Stimmungen im Land schließlich in einer Schulform ihre Entsprechung fanden, und zwar im Wechselunterricht. Der sah folgendermaßen aus: In der A-Woche hatte Kind 1 Montag, Mittwoch und Freitag Unterricht, in der B-Woche Dienstag und Donnerstag, eine sehr kurze Woche, wenn Sie mich fragen. Bei Kind 2 war es genau umgekehrt, und Kind 3 hatte immer C-Woche, also halbschultäglichen Distanzunterricht mit eingeschränkter Präsenzpflicht abwechselnd mit Distanzpflicht im eingeschränkten Präsenzunterricht. Außerdem gab es Unterricht mit Hybrid-Präsenz, an dem sowohl Kinder vor Ort als auch im Hybrid-Auto der Eltern zugeschaltet waren.

Diese voll durchstrukturierte Chaosplanung führte dazu, dass wir zwischen dem Waldhaus, der Stadtwohnung und den Schulen einen Pendelverkehr einrichteten, der alle Termine miteinander verwob. Denn eines war klar: Die Kinder wollten immer wieder zurück zu den Küken. Neben den dreizehn Küken hatten wir ja auch noch Jennys Leihhühner, die aber mittlerweile uninteressante Randfiguren waren. Der Komplettumzug zurück in die Stadt wäre wegen der Platzsituation dort erst sinnvoll, wenn wir wie geplant nur noch fünf Junghennen unser Eigen nannten.

Als die Küken etwa sechs Wochen alt waren und die Geschlechterbestimmung gute Fortschritte machte, da hatten die Tiere genau die richtige Größe, um sie wie einen Football ins Gehege zu werfen. Oder zu schmeißen. Je nach Geschlecht. So lernten sie das Flattern und Landen fast ganz von allein. Jedes Kind hatte sein Lieblingshuhn. Die Mädchen die ehemaligen Spreizbeinpatientinnen Prilan und Babette, der Junge Hilda, meine Frau Otti, und ich ... hab's vergessen. Eines Nachmittags dann das Drama. Große Diskussion in der Diele zwischen dem Sohn und der Jüngsten.

»Das kann nicht sein.«

»Doch.«

»Nein.«

»Ich bin mir jetzt aber ganz sicher.«

»Nein!«

»Doch. Guck mal hier. Die Augen sind ovalförmig. Und die ist total schwer geworden.«

»NEIN.«

»Die ist vom Gewicht jetzt im oberen Drittel.«

»Nein.«

»Was ist denn hier los?«

»Mama.«

»Ja, was ist denn?«

»Babette ist ein Haaaaaaaaaaaaahn!«

Wenn das Lieblingsküken plötzlich männlich ist und somit abgegeben werden muss, dann kann schon mal eine Welt zusammenbrechen. Gut, dass meine Frau eine so hervorragende Trösterin ist. Denn hier war ordentlich Trost nötig. Und was tat ich? Ich wusste nicht, was ich machen sollte. Ich wusste nichts Sinnvolles beizutragen. Und so ging ich einfach auf die Terrasse, setzte mich auf einen Stuhl und schaute die Bäume an. Wie sie da standen. Seit zwanzig, dreißig oder vierzig Jahren schon. Stark. Schweigend. Stoisch. Wie sie nicht viel taten. Außer Sauerstoff spenden. Symbiosen eingehen. Wachsen. Und stetig ihr Kleid verändern. Bäume beruhigen. Weil sie verlässlich sind. Ein Wald senkt den Blutdruck. Ich wurde ganz ruhig und eins mit mir und der Natur. Dann stand ich langsam und bewusst auf, ging zum Schuppen, holte die Motorsäge raus und fällte in einer halben Minute eine halbtote Fichte, um sie anschließend kurz und klein zu hacken. Eine ausgewogene Mischung aus meditativer Achtsamkeit und der Holzhammermethode, das war meine Antwort auf kritische Gemütszustände.

Als wir im Mai mit fünf – hoffentlich wirklich weiblichen – Hühnern und zahlreichen Ställen und Futtersäcken im Gepäck wieder in die Stadt zogen, war es eine Art Wiederkehr in ein fast vergessenes Leben. Eine Wiederkehr in die Realität. Eine Realität mit Anwesenheitspflicht in der Schule. Mit eigenen Zimmern für alle. Mit Heizungen. Und mit Hühnern, deren Gehege genau die Hälfte des gesamten Gartens beanspruchte.

Das größte Rätsel war im Nachhinein, wie wir es geschafft hatten, diese Zeit schadlos zu überstehen. Diese Zeit des permanenten Online-Unterrichts. Mit einem kompletten Wegfall von Vereins- und Schulsport. Mit täglichem Kochen, Waschen, Aufräumen und Erziehen. Alles, ohne uns gegenseitig an die Gurgel zu gehen. Ohne dass die Kinder in ihren schulischen Leistungen absackten. Ohne dass wir dick oder doof oder spielsüchtig geworden waren.

Fast ein halbes Jahr lang dauerte dieser zweite deutschlandweite Lockdown. Ein Lockdown, der immer wieder verlängert wurde, was die Menschen zermürbte und letztlich zu einer gespaltenen Gesellschaft führen sollte. Wir fühlten uns in dieser sechsmonatigen Isolierungsphase zwar auch irgendwie isoliert, aber am Ende nicht ausgebrannt. Dagegen halfen die Bäume. Die Äxte. Und die Hühner.

Kapitel 20

Sommer in Frankreich, Hühner auch in Frankreich

Die beschriebenen Geschehnisse der zurückliegenden Jahre waren wie das Leben selbst. Sonderbar. Wunderbar. Unplanbar. Und sie mündeten am Ende alle in der zu Anfang des Buches beschriebenen fabulösen Szene: Wir fuhren mit drei Jungkindern und fünf Junghennen im Gepäck nach Frankreich.

Dass man sich bei einer sechsstündigen Autofahrt an den beißenden Geruch von Hühnerscheiße gewöhnen kann, ist ein beschissenes Gerücht. Aber es ging dann doch irgendwie. Alle hielten tapfer durch. So schlimm der Gestank auch war: Meine Vorschläge, die alle darauf abzielten, die Hühner irgendwo, wo es schön war, einfach freizulassen, riefen empörten Protest hervor. Am Schluss sangen wir alle: »Meine Oma fährt im Hühnerstall Motorrad« und erreichten erschöpft unseren Sehnsuchtsort.

Das kleine Haus, in das wir seit über zwölf Jahren fahren und das uns die Frage *Was machen wir in den Sommerferien?* seitdem erspart, dieses Häuschen liegt direkt an der Côte d'Azur. Allerdings an der Côte d'Azur des kleinen Mannes. An der Côte d'Opale.

Dort ist es immer ganz schön. Und zwar ganz schön windig. Der Sommer, in dem wir uns das Haus zum ersten

Mal anschauten und es schließlich erwarben, war vermutlich der wärmste und windstillste Sommer seit Beginn des Wetters.

Bei Frankreich und Meer denkt man ans Mittelmeer oder an den Atlantik. Die Opalküste ist umsäumt von der Nordsee. Es ist die kälteste Gegend, die man im ganzen Land kriegen kann.

Jedes Jahr ab Mitte Mai, wenn ich von irgendwelchen Leuten nach unserem sommerlichen Urlaubsziel gefragt werde, dann habe ich die Auswahl aus zwei möglichen Dialogen.

Erste Variante:

»Wohin geht's im Urlaub, Johann?«

»An die Nordsee.«

»Ach. Schön. Und wohin da?«

»Nach Frankreich.«

»Oh.«

»An die Opalküste!«

»Cool. Klingt edel. Nordsee in Frankreich? War mir gar nicht klar, dass es das gibt.«

Zweite Variante:

»Wohin geht's im Urlaub, Johann?«

»Nach Frankreich.«

»Cool. Wohin denn da?«

»An die Nordsee.«

»Äh? Warum das denn? Hat Frankreich überhaupt Nordsee? Und wenn … Fahrt doch lieber in den Süden. Oder an den Atlantik. Oder in die Provence. Oder nach Bresse. Die Hühner dort, hmmm …«

Nein. Nicht mit uns. Wir verbringen den Sommer lieber in der Region, die bei den meisten Franzosen in der Beliebtheitsskala vermutlich einen untersten Platz belegt. Spätestens seit dem Film *Willkommen bei den Sch'tis* sind die Vorurteile gegenüber dieser Gegend weithin bekannt. Sie gilt als rauer Landstrich mit sehr einfachen, eher unterbelichteten Menschen. Die meisten von ihnen haben einen Sprachfehler, und sobald man aus dem Süden kommend die Grenze zum Département Pas-de-Calais überschritten hat, schüttet es wie aus Eimern.

Das ist alles Quatsch. Na ja, fast alles. Wie auch immer: Ich möchte hier und jetzt eine Bresse schlagen für … eine Bresche slagen für … eine BRESCHE SCHLAGEN für die wunderhübsche Opalküste. Sie ist das Schönste, was Frankreichs Nordseeküste an dieser Stelle zu bieten hat. Man könnte den ganzen Tag dort langschlendern und das Spiel der Gezeiten bestaunen. Wenn man Zeit hätte.

»Papa, wann baust du den Stall?«

»Was?«

»Wir brauchen einen Stall. Für die Hühnis.«

»Ich weiß.«

»Wann baust du den?«

»Darf ich vielleicht erst mal aussteigen?«

»Und wer mäht den Rasen?«

»Niemand?«

»Warum?«

»Der Rasenmäher ist zu Hause geblieben.«

»Warum?«

»Wegen der Hühner. Weil der Transportkorb und das ganze Futter zu viel Platz eingenommen haben, hatte der Rasenmäher keinen Platz mehr!«

»Ach ja. Dann müssen die Hühnis eben den Rasen mähen.«

»Super Idee.«

Hühner statt Rasenmäher. Was für ein mieser Tausch. Gerade das Rasenmähen hatte mich in den letzten Jahren immer wieder sehr glücklich gemacht. Mit dem Kapselgehörschutz auf den Ohren und dem kraftvollen benzingeschwängerten, alles kurz und klein schneidenden, lauten und stinkenden 7-PS-Mäher mit Radantrieb hatte ich überschüssige und unterschwellige Aggressionen immer ganz prima weghäckseln können. Und nun? Keine Ahnung.

Das Haus hatte seit fast einem Jahr niemand mehr betreten. Das ist nicht gut. Für das Haus. Und für uns. Denn als Erstes muss man es bewohnbar machen. Das dauert drei Stunden. Mit Kindern fünf. Mit Hühnern sieben.

Die feuchte Seeluft hatte in unserer Abwesenheit alles dafür getan, die Fehler beim letztjährigen Winterfest-Machen zu bestrafen. Alles, was nicht luftig genug verräumt worden war, alle Schubladen, die nicht geöffnet waren, jedes Holz, das auf Holz lag, hat sich der Schimmel angelacht. Jedes Jahr machten wir es besser, und jedes Jahr machten wir neue Fehler. Nun war ein ganz extravagantes Phänomen zu bestaunen: Auf dem Esstisch war der Staub angeschimmelt. Dort lag tatsächlich blauschimmernder Staub. Herrlich.

Gartenmöbel rausräumen, Haus einmal durchwischen, unser ganzes Zeugs reinräumen. Dazwischen die Kinder, die den Hühnern ihre Betten zeigen wollen. Und Dialoge wie der folgende:

»Ey, alle mal herkommen.«

»Was ist denn, Mama?«

»Guckt euch mal die Scheiße hier an.«

»Oh.«

»Wer war das?«

»Das war auf jeden Fall nicht Hedwig.«

»Doch.«

»Nein. Woher willst du das wissen?«

»Ich habe es gesehen.«

»Nein, das war Agathe.«

»Nein, Agathe macht nicht so flüssig.«

»Vielleicht war's ja auch Prilan.«

»Prilan war hier gar nicht. Die war nur da vorne.«

»Jaja. Und Hilda?«

»RUHE. Ich habe hier gerade überall durchgewischt, und jetzt liegt hier Hühnerscheiße. Ein für alle Mal: Die Hühner dürfen nicht ins Haus. NICHT INS HAUS. NIE! Habt ihr das verstanden?«

»Ja.«

»Guckt mich an.«

»Ja, Mama. Die Hühner dürfen nicht ins Haus.«

»Richtig.«

»Auch nicht getragen?«

»Nein, auch nicht getragen. Gar nicht. Nie.«

»Okay.«

»Und wer macht jetzt die Scheiße weg?«

»Hedwig war das nicht.«

»Agathe auch nicht.«

»Prilan hatte vorhin erst gekackt.«

»RUHE. Ich mache das jetzt. Ein allerletztes Mal.«

»Danke, Mama.«

»Und das nächste Mal macht ihr das selbst.«

»Okay.«

»Wo ist eigentlich euer Vater?«

»Keine Ahnung. Der wollte den Stall bauen.«

Was aus einem Rasen wird, wenn man ihn ein Jahr lang nicht mäht, ist leicht vorherzusehen. Über einen Meter hoch standen die dicken Halme und schaukelten im Wind. Mit Rasenmäher war es schon eine Heidenarbeit. Unzählige Male musste man über ein und dieselbe Stelle fahren, um sichtbaren Erfolg zu haben. Oft hob ich den Mäher auch an, um von oben das stehende Gras zu erwischen und es nicht erst selbst platt zu fahren. Jetzt hatte ich noch nicht mal einen Mäher. Also suchte ich die alte Sense. Ich öffnete den Geräteschuppen, der bis oben hin vollgestopft war mit Tischen, Stühlen, Heckenscheren, einem Grill, zwei Kanus, alten Matratzen, Benzinkanistern, Spaten, Drachen, Tampen, Seilen, Angeln, Ankern und so weiter, sah die Sense in der hintersten Ecke stehen und überlegte. Alles auszuräumen, nur um an die Sense zu kommen, erschien mir nicht verhältnismäßig.

Also versuchte ich, über den ganzen Krempel drüberzukrabbbeln. Allerdings überschätzte ich dabei die Statik des Gerümpels und rutschte mit dem Arsch nach unten in eine Lücke zwischen Plastiktonne und Schubkarre. Oh mon dieu. Wer jetzt den Schuppen betrat, würde vermutlich nur meine Schuhe sehen, die hilflos in der Luft baumelten. Ich war eingeklemmt. Ich lag da, zwischen schwerem Gerät, und überlegte, »Hilfe« zu rufen. Nein. Niemals! Dann dachte ich daran, einfach so liegen zu bleiben, bis der Urlaub vorbei war. Aber dafür war es zu unbequem. Mit größter Mühe befreite ich mich schließlich allein aus der misslichen Lage und schaffte mitsamt der Sense den Weg zurück nach draußen.

In der Zwischenzeit hatten die Kinder die Mitte der Rasenfläche bereits platt gemacht und saßen mit Decken, Kissen und den Hühnern mittendrin im Glück. Okay. Dann eben nicht.

»Papa, ist der Stall schon fertig?«

Das liebe ich so an Kindern, dieses untrügliche Gefühl für zeitliche Abläufe.

»Jaha. Der steht da hinten neben dem Schuppen.«

»So schnell?«

»Kinder, ganz im Ernst, wann hätte ich das denn machen sollen? Ich habe doch nur die Sense geholt.«

»Willst du jetzt hier sensen?«

»Platt gedrücktes Gras kann man nicht mehr sensen. Nur stehendes.«

»Sollen wir es wieder gerade machen?«

»Nein. Auf gar keinen Fall.«

»Warum mähst du den Rasen nicht einfach?«

»Weil wir den Rasenmäher wegen der Hühner ZU HAUSE LASSEN MUSSTEN.«

»Ach ja. Du blutest übrigens.«

»Wo?«

»Überall. Im Gesicht. An der Hand. Was ist passiert?«

»Ach, nichts. Das ist nur ein bisschen am Finger. Hab ich mir dann wohl ins Gesicht geschmiert.«

»Setz dich doch zu uns. Kannst auch ein Huhn haben. Das hilft bei Stress. Und dann wird es auch aufhören zu bluten.«

»Ich habe keinen Stress!«

»Papa. Hier. Nimm das hier. Wie heißt das Huhn, Papa?«

»Keine Ahnung.«

»Papa. Das ist dein Huhn, und es heißt Agathe.«

»Ach ja.«

»Aber den Stall musst du schon heute noch bauen.«

»Muss das wirklich sein? Können die nicht die erste Nacht im Haus übernachten?«

»Papa! Die Hühner dürfen doch nicht ins Haus. Frag Mama.«

Ich baute also noch an diesem Tag einen Hühnerstall. Meinen allerallerersten. Nach den Vorgaben der Kinder. Ich schraubte einen zusammengenagelten Holzkubus auf den alten Bollerwagen. Damit war der Stall mobil und stand nicht direkt auf dem Boden. Als Hühnerstangen taugten zwei blockflötendicke Äste, als Tür ein altes Bodyboard der Kinder. Herrlich. Arbeiten mit dem, was da ist. Genau meine Devise. Alle waren zufrieden.

»Jetzt gucken wir mal, ob alle reinpassen.«

»Nein. Machen wir erst heute Abend.«

»Ich will das aber jetzt machen.«

»Ich nicht.«

»Dann setze ich einfach nur Hedwig rein.«

»Okay.«

»Wo ist die eigentlich?«

»Hedwig!«

»Keine Ahnung. Wo hast du sie denn zuletzt gesehen?«

»Keine Ahnung. MAMA!«

Die Panik, die bei einem Kind aufkommt, wenn es merkt, dass das eigene Tier verschwunden ist, also das Wesen, um das es sich seit dem Schlüpfen gekümmert hat, das es im Grunde ganz alleine großgezogen hat, mit dem es alle Krisen gemeistert hat, das es belustigt, geärgert und getröstet hat, diese Panik, die kann man nicht beschreiben. Man muss sie erleben. Sie ist herzzerreißend. Eine endlos lange Zeit suchten wir das entlaufene Federvieh, bis wir es schließlich in der hintersten Ecke im hohen Gras fanden. Direkt neben der Sense. Schlafend. Nicht tot.

Die kommenden Tage und Wochen waren geprägt von Heiterkeit und guter Laune. Und natürlich von Gesprächen über hühnerbezogene Sachthemen. Zum Beispiel zwischen mir und der Mittleren.

»Papa?«

»Ja.«

»Wusstest du, dass wenn ein Huhn nur ein Auge schließt …«

»Ja? Dann?«

»Dann schläft nur eine Seite des Gehirns.«

»Wirklich?«

»Ja. Die andere Seite ist dann noch wach.«

»Ach.«

»Und kriegt alles mit. Und guckt nach Nahrung. Aber die eine Seite schläft.«

»Cool. Das versuche ich auch mal.«

»Und weißt du auch, warum im Haus gar keine Fliegen mehr sind?«

»Nein.«

»Aber ist dir das aufgefallen?«

»Ja. Das hat doch Mama gestern auch schon gesagt, dass dieses Jahr viel weniger Fliegen im Haus sind.«

»Und weißt du, warum?«

»Nein. Warum?«

»Die gehen alle auf die Hühnerkacke, die hier draußen rumliegt.«

»Ach.«

»Ja, und die Fliegen werden dann wieder von den Hühnern gefressen.«

»Wirklich?«

»Ja!«

»Das ist ja genial. Ein sich selbst speisendes System. Ein natürlicher Kreislauf, bei dem alle profitieren.«

»Außer die Fliegen.«

»Außer die Fliegen.«

Und natürlich hatten auch die drei Kinder unter sich kaum ein anderes Thema, mit einem besonderen Interesse für die Körperöffnung, die ganz alleine Kot, Urin und Eier hinausbefördert.

»Scheiße.«

»Was ist?

»Hilda hat mir auf die Hose gekackt.«

»Ihh.«

»Ich weiß auch, warum die das gemacht hat.«

»Warum denn?«

»Weil du ihr in die Kloake gepustet hast.«

»Habe ich nicht.«

»Doch.«

»Nein.«

»Wohl. Hab ich doch genau gesehen.«

»Wenn, dann habe ich danebengepustet.«

»Ja klar. Wie willst du da denn so genau danebenzielen?«

»Ich kann das.«

»Das hat sie völlig zu Recht gemacht.«

»Nein.«

»Wie fändest du es denn, wenn dir ständig jemand von hinten …«

Beim Abendessen erlaubte ich mir dann mal einen Jux.

»Papa.«

»Ja?«

»Warum hast du ein Auge zu?«

»Was?«

»Warum du ein Auge zuhast? Ist dir da was reingeflogen?«

»Nein.«

Dann schaltete sich meine Frau ein. »Was dann? Hör auf damit, das sieht total geisteskrank aus.«

»Meine rechte Gehirnhälfte schläft.«

Alle lachen.

»Aber die linke ist noch voll wach. Sie kriegt alles mit. Und sie wünscht sich jetzt ein Küsschen von dir.«

»Ich küsse dich nicht. So nicht.«

»Ihr seid doch doof.«

»Papa, wusstest du eigentlich, dass man ein Ei mit der Faust nicht zerdrücken kann?«

»Häh? Wieso nicht?«

»Wenn du ein Ei in deine Hand legst und ganz feste zudrückst, so feste du kannst, dann geht es nicht kaputt.«

»Quatsch, glaub ich nicht.«

»Wir machen das, wenn die ersten Eier da sind.«

»Okay. Wann ist das denn?«

»Ich schätze, es geht bald los.«

»Woher weißt du das?«

»Es gibt Zeichen dafür.«

»Was denn für Zeichen?«

»Zum Beispiel, wenn die Kloake größer wird.«

»Boah, kann ich einmal ein Abendessen ohne das Wort Kloake erleben?«

Mein einziger Sport in dieser Zeit war: pumpen. Ich pumpte alles auf, was mir hingehalten wurde. Schlauchboote, Bälle, Steh-Paddel-Bretter, Luftringe, Planschbecken. Mir egal. Hauptsache Bewegung. Ohne diesen Ausgleich würde ich komplett am Rad drehen. Gestern stand ich mit der großen Standpumpe vor dem Schuppen und suchte irgendwas, wo ich Luft reinpressen konnte. Es hatte sich den Tag über eine leichte Aggression angestaut, und wie wäre der leichter und produktiver und für alle stressfreier beizukommen als durch starkes und schnelles Auf und Ab.

Da kam Hilda vorbei. Oder Agathe. Oder Prilan. Keine Ahnung. Irgendeins von den fünf Hühnis. Neugierig pickte sie an meinem Schuh herum. Dann drehte sie mir den Rücken zu. Und meine Gedanken nahmen Fahrt auf. Was wohl passiert, wenn ich sie aufpumpe? Oder wenn ich ihr ... also wenn ich sie ein bisschen ... anpusten würde von hinten. Ich hockte mich hin, zog den Pumpgriff nach oben und wollte sie gerade ein bisschen ärgern, da passierte etwas, was ich in dieser Deutlichkeit noch nie gesehen hatte. Ihr prächtiges Hinterteil, das aussah wie ein irrsinnig aufwendiges Tüllkleid mit eingearbeiteter Federboa, es begann leicht zu vibrieren. Dann ließen die Zuckungen nach, und übergangslos öffnete das kuschelig anmutende Naturgeflecht seine Mitte. Die mittigen Federn fuhren wie maschinell zur Seite und legten das frei, was freigelegt werden musste. In meinem Gehirn verschmolz das Bild einer fleischfressenden Pflanze mit dem eines Donuts. Dann schiss mir die Henne ohne mit der Wimper zu zucken vor die Füße. Anschließend schloss sie ihre tüllene Auslage und watschelte weiter. Herrlich. Der Pumpgriff bewegte sich langsam nach unten, und ich verarbeitete die Geschehnisse mit zwei großen Bierchen.

Wo bleiben eigentlich die Eier? Wir hätten uns diese fünf scharrenden Picker doch nie zugelegt, wenn nicht diese nahrhafte Gegenleistung winken würde. Ich liebe Eier. Eier gerührt, Eier gekocht, Eier im Speckmantel, Eierlikör, Eiermeier. Eier sind für mich das Salz in der Suppe. Aber wann kommt endlich das erste? Das Legealter von vier Monaten hatten sie ja nun erreicht.

Erste Anzeichen können sein, dass Kamm, Kehllappen und Kloake größer und rötlicher werden. Das klingt ja einfach. Aber auch die Stimme kann sich verändern. Ja! Das Junghuhn gibt plötzlich andere Laute von sich. Aus dem hohen »Piep Piep« wird noch kein dumpfes »Goag Goag«, aber ein deutlich tieferes »Piep Piep«. Interessant, oder? Wenn die Beckenknochen voneinander getrennt sind und sich auch ihr Abstand zum Kielknochen spürbar vergrößert hat, dann kann es eigentlich losgehen. Die Eier werden von der Henne wie von der Frau im Eierstock produziert und dann im Eileiter weiterbefördert. Der große Unterschied: Was bei einer Frau normalerweise 28 Tage dauert, schafft die Henne in 24 Stunden. Respekt!

Die Kinder, die alle Zeichen täglich mehrfach kontrollierten, wurden immer aufgeregter und spekulierten auf Hilda als erste Legerin. Und sie sollten recht behalten.

Eines schönen Morgens torkelte das Huhn des Sohnes aus dem Stall und fing an zu gackern. Es gackerte los und hörte gar nicht mehr auf. Es war ein Gegacker, wie wir es noch nie gehört hatten. Schreitend, mit erhobenem Kopf und stolzgeschwellter Brust, gackerte es sich die Kehle aus dem Hals. Es schien zu sagen: »Leute, Leute, alle mal herhören. Ich habe ein Ei gelegt. Ein EI. ICH habe ein EI gelegt. Ein richtiges Ei. Habt ihr das gehört? EIN AHHEI! ICH LEGTE SOEBEN DAS ERSTE EI. DAS ERSTE EI MEINES LEBENS UND DAS ERSTE EI DIESER HERDE. LEUTE. IST DAS KRASS ODER ist das krass? ICH KANN EIER LEGEN. NACH DEM SINNLOSEN GEPICKE UND GESCHARRE KANN ICH JETZT ENDLICH RICHTIGE EIER LEGEN. LEUTE! TUT ES MIR GLEICH. ES IST GANZ EINFACH. REIN INS NEST. HINSETZEN. DRÜCKEN. FERTIG. DANACH FÜHLT MAN SICH TOTAL ERLEICHTERT. LEUTE, LEUTE, HÖRT DOCH

HER. EIER LEGEN IST NICHT SCHWER. ALSO LOS. DAS NEST IST FREI. GEHET HINEIN UND LEGET. UND DANN HEISSE ICH EUCH WILLKOMMEN IM CLUB. IM CLUB DER EIERLEGERINNEN. EIER. EIER. WIR BRAUCHEN EIER.

Sie schien wirklich stolz zu sein. Und wir? Wir waren es komischerweise auch. Ganz anders als bei den Eiern der Leihhühner. Und warum? Ganz einfach. Wir waren stolz, weil wir die Produzentin des Eis, eine Henne namens Hilda, vor vier Monaten unter Zuhilfenahme eines Automaten mit ausgebrütet hatten. Anschließend haben wir sie nach bestem Gewissen versorgt und beschützt. Bis sie eines Tages selbst in der Lage war, diese kalkschalige Leckerei herzustellen. Und die lag jetzt vor uns. Hellbraun. Eiförmig. Tischtennisballgroß. Warm. Wie gemalt. Gänsehautatmosphäre und Freudentänze gaben sich die Klinke in die Hand.

»Wenn wir es direkt kochen, so warm, wie es ist, dann brauchen wir dafür weniger Energie. Weil die Wärmedifferenz nicht so groß ist.«

Niemanden interessierte mein Energiespartipp.

»Man isst die sowieso erst nach drei bis vier Tagen«, belehrte mich mein Sohn etwas geringschätzig.

Wie auch immer. Der Anfang war gemacht. Die kommenden Wochen ging viel Zeit dafür drauf, einen Plan zu erstellen, welches Kind wann nach den Eiern gucken und sie aus dem Nest holen durfte. Es musste natürlich gerecht zugehen. Und nach vier Wochen ernteten wir tatsächlich fünf Eier pro Tag.

Eiermeier

Fünf Eier, jeden Tag! Was das umgerechnet für ein Geldwert sein musste. Bei einer Legeleistung von vielleicht 300 Eiern im Jahr machte das 1500 Eier insgesamt. In zwei Jahren würden wir auf 3000 Eier kommen. Bei einem Durchschnittspreis von 40 Cent für ein Freiland-Bio-Ei wären das 1200 Euro. Wahnsinn!

Aber finanzielle Aspekte spielten jetzt hier im Urlaub gar keine Rolle. Wir waren allesamt fasziniert von der Coolness der Hühner und von unserer eigenen. Was waren wir doch für eine abgebrühte Familienbande. Mit Hühnern im Auto nach Frankreich gefahren. Und jetzt mussten wir uns noch nicht einmal mehr Eier kaufen. Geht's noch lässiger? Wir waren mustergültige, ertragreiche Biobauern aus Deutschland. Im Garten wuchs Petersilie. Wir waren gefühlt kurz vor autark.

Das Ganze gipfelte dann in einem Schauspiel der besonderen Art. Einem Strandspaziergang. Mit den Hühnern. Wir zogen sie im mobilen Bollerwagen-Stall die dreihundert Meter zum Wasser. »Die sollen nur einmal das Meer sehen«, war das unschlagbare Argument der Kinder, und als sie dann jeweils »ihr« Huhn im Arm hielten und auf den Sand setzen wollten, da hatte der coole Spuk doch ziemlich schnell ein Ende. Denn wer sich extrem interessierte für die gefiederten Neulinge, das waren die vielen unangeleinten Hunde an diesem Strand. Die Beagles, Retrievers und Irish Setters, die wie Pfeile auf uns zugeschossen kamen und nur mit Mühe von ihrem ursprünglichen Jagdtrieb abgehalten werden konnten.

Nach vier Wochen »Urlaub« ging es dann mit den Hühnern wieder zurück nach Köln, wo uns Eltern schon bald die großartigste Pflicht des ganzen Landes etwas Ruhe bescherte: die Schulpflicht.

Kapitel 21

Na, schon geimpft?

Was war das eigentlich für eine Zeit im Spätsommer 2021? Wie hat sich das angefühlt? Wer erinnert sich noch? Ich! Geimpft wurde damals priorisiert. Allein dieser Satz ist schon eine Zumutung. Das heißt: Geimpft wurden erst mal Menschen ab siebzig, dann ab sechzig Jahren. Und Vorerkrankte. Ich weiß aus Notizen, dass in dieser Zeit Gespräche geführt wurden, die man sich heute kaum noch vorstellen kann. Damals saß ich in meinem Stammcafé und sprach – wie es meine Art ist – eine fremde Frau an:

»Na«, sagte ich etwas überheblich, »schon geimpft?«

Sie antwortete: »Häh? Für wie alt hältst du mich? Du verwitterter Freggel?«

Ich erwiderte: »Entschuldigung! Ich wollte damit überhaupt nicht sagen, dass sie irgendwie alt aussehen.«

»Aha.«

»Nein. Ich finde aber, sie sehen massiv vorerkrankt aus.«

Darauf sie: »Opa, geh sterben.«

Die Stimmung war, um es mit einem Wort zu sagen, maximal gereizt. In der Bevölkerung wie in den Medien. Bei den von Studien und Statistiken geprägten Corona-Diskussionsrunden nahmen sich Wissen und Unwissenheit gegenseitig die Argumente aus der Hand, wuchsen Überzeugung und Skepsis parallel in ungeahnte Höhen. Was allseits verwundert wahrgenommen wurde: Die Politik hörte auf die Wissenschaft. Und handelte unverzüglich und radikal. Im Gegensatz zum Handeln beim Thema Klimawandel. Aber das ist ja auch ein ganz anderes Thema.

Es kam zur Frontenbildung in der Gesellschaft: Sage mir, welchen Virologen du bevorzugst, und ich weiß, wie ich dich finde. Was für ein Wahnsinn. Was für eine Beladung. Virologen als Projektionsfläche für unser Weltbild. Wer hätte das für möglich gehalten? Es gab grob gesagt drei Lager: Drosten. Streck. Und Bhakdi. Die ersten beiden lernte man automatisch kennen, über die öffentlich-rechtlichen Medien. Nach dem Letzten musste ich explizit suchen.

Ich kannte den Namen durch meinen Cousin. Dieser, der Sohn meines Onkels, wohnte damals in Lippstadt und arbeitete dort als Sozialpädagoge in einer gemeinnützigen Werkstatt für behinderte Menschen. Ungefähr fünfmal im Jahr sahen wir uns. Zu Weihnachten, zu Ostern, zur Lippstädter Kirmes und zur Soester Kirmes. Und dann noch einmal. Er war wie seine Frau sehr allgemein gegen das Impfen und regelmäßiger Teilnehmer von deutschlandweiten Corona-Demonstrationen. Soll er doch machen, was er will, hätte ich denken können. Jeder Jeck ist anders. Aber weil mir dieser Cousin immer recht nah stand, wollte ich ihn und seine Ansichten verstehen und recherchierte daher sehr regelmäßig in der großen weiten Welt der alternativen Medien. Ohne Anmeldung konnte ich mir den Messenger-Dienst Telegram herunterladen und besuchte sowohl die bekannten Querdenker wie Attila Hildmann, Michael Wendler und Eva Herman als auch mir bis dato unbekannte Heilpraktiker und Virologen. Was sich in dieser Welt abspielt, ist in meinen Augen eine ungebremste und einseitige Angst- und Panikmache. Also genau das, was sie der Gegenseite vorwerfen. Am meisten geschürt wird die Angst vor der Impfung: mit unzähligen angeblichen Beweisen für Impfschäden. Mit Bildern und Videos von Hautrötungen oder großflächigen Ekzemen, von komplett verquollenen Augen, von zuckenden Menschen, die von drei Leuten für die Zwangsimpfung festgehalten werden, von gelähmten Patienten, von weinenden Kindern und ohnmächtig beziehungsweise tot zusammensackenden Sportlern. Ein Video blieb mir besonders im Gedächtnis. Es zeigte einen Mann, circa sechzig Jahre alt, halbseitig im Gesicht gelähmt. Er versucht frei zu reden, stockt aber immer wieder und schaut dann hilfesuchend unter die Kamera. Und er sagt sinngemäß Folgendes: »Ich heiße Manfred, bin sechzig Jahre alt und habe mich gestern impfen lassen. Ihr seht ja, was passiert ist. Ich bin seit der Impfung halbseitig gelähmt. Meine Bitte: Lasst euch nicht impfen. Sonst geht es euch so wie mir.« Alles ohne Ort. Ohne Datum. Ohne die Angabe, womit er geimpft wurde. Ohne irgendeinen überprüfbaren Anhaltspunkt. Um so etwas zu glauben, müsste ich meinen Instinkt ausschalten. Der mir sagt, dass der arme Kerl fünfzig Euro bekommen hat, um einen vorgefertigten Text in die Kamera zu sprechen. Diese Intuition müsste ich komplett ignorieren. Aber warum sollte ich das tun?

Die weiteren Ängste, die neben der Angst vor der Impfung geschürt werden, sind die vor »dem großen Blackout«, dem »Great Reset«, der »Bevölkerungsminimierung durch die Giftspritze«, der »Versklavung durch die Eliten«, »der ungehemmten Massenüberwachung«, »einer ungebremsten Inflation« und vor »einer Lebensmittelknappheit und großen Versorgungslücken«. Deswegen macht jeder zehnte Post Werbung für haltbares Roggenbrot, für einen mobilen Wasserfilter, ein tragbares Notstromaggregat zur Versorgung bei Stromausfällen, einen Infrarot-Dörrautomaten oder für Kurbel-Radios und Kurbel-Taschenlampen.

Die häufigsten Überschriften kann man grob so zusammenfassen: »Was sie euch verheimlichen« – »Was der Mainstream verschweigt« – »Was viele nicht wissen« – »Worum es eigentlich geht«. Und natürlich immer wieder: »Jetzt berichtet sogar der Mainstream darüber.« Und dazu kommen die Lügengebilde: »Die Corona-Lüge« – »Die Impflüge« – »Die Klima-Lüge« – »Die Ukraine-Lüge«.

Ich fragte mich die ganze Zeit: Wie kann man eigentlich in einem Staat leben, von dem man glaubt, dass er einen von morgens bis abends belügt?

»Mit allen Tricks wollen die Länder am Maßnahmen-Terror festhalten«, lese ich bei Michael Wendler und denke über das Wort Terror nach.

Eines der größten Probleme der Impfgegner war das gebrochene Versprechen der Politik zur Impfpflicht. Die Impfpflicht wurde zunächst kategorisch ausgeschlossen, dann aber doch wieder debattiert. Wortbruch und Vertrauensbruch wurden attestiert. Ich überlegte, meine Tochter einzuschalten. Und das tat ich dann auch.

»Mittlere!«

»Ja?«

»Setz dich.«

»Okay.«

»Folgendes. Stell dir mal vor, ich hätte dir mit sieben Jahren versprochen, dass du jeden Monat fünfzig Cent mehr Taschengeld kriegst.«

»Cool.«

»Du sollst es dir *vorstellen.*«

»Okay.«

»Stell dir vor, ich verspreche dir, bis du achtzehn bist, kriegst du jeden Monat fünfzig Cent mehr Taschengeld.«

»Cool. Soll ich das jetzt ausrechnen? Wie viel das dann ist?«

»Du sollst zuhören! Fünfzig Cent mehr. Bis zum achtzehnten Geburtstag. Versprochen.«

»Okay.«

»Jetzt werde ich, wenn du fünfzehn bist, plötzlich arbeitslos.«

»Was? Warum?«

»Was weiß ich. Nur theoretisch.«

»Aha.«

»Ich habe keine Stimme mehr, was auch immer.«

»Keine Stimme?«

»Jetzt sage ich zu dir, dass ich mein Versprechen mit dem Taschengeld nicht halten kann.«

»Aha.«

»Weil ich fast kein Geld mehr verdiene, kann ich mir so viel Taschengeld im Moment nicht leisten.«

»Okay.«

»Hättest du dafür Verständnis?«

»Theoretisch schon.«

»Im Ernst?«

»Ja, klar. Du kannst ja nichts dafür.«

»Oder wäre dein Vertrauen zerstört?«

»Nein.«

»Würdest du mir Wortbruch vorwerfen?«

»Ich glaube nicht.«

»Würdest du sagen, Papa ist ein Taschengeld-Lügner?«

»Nein.«

»Und würdest mit deinen Geschwistern gegen mich demonstrieren?«

»Häh?«

»Und deine Mutter mit reinziehen?«

»Warum?«

»Und sie gegen mich aufhetzen?«

»Nein.«

»Und behaupten, dass ich den großen familiären Reset vorbereite?«

»Den was?«

»Dass ich euch am Ende chippen und bewachen werde?«

»Papa, ich muss zum Training.«

»Und dass ihr am Ende meine Sklaven werdet?«

»Tschüüüüs.«

Immer wieder schaute ich mir Reportagen über die Corona-Proteste an. Ein bunt zusammengewürfelter Haufen aus allen Schichten, Denkrichtungen und Altersstufen – und mittendrin: mein Cousin! Dieser Haufen ruft laut im Chor das, was wir in Deutschland haben. »Frieden.« »Freiheit.« »Keine Diktatur.« Sehr interessant. So wie wir früher »hitzefrei« geschrien haben, wenn wir hitzefrei hatten. Oder »Tor«, wenn ein Tor fällt. Leider ist es so nicht. Es sind Forderungen.

Zu Beginn der Proteste entstand in vielen Medien der Eindruck, dass an diesen Demos hauptsächlich gewaltbereite Rechte und Reichsbürger teilnehmen. Dieses transportierte Bild war nicht korrekt. Es war eine tendenziöse Berichterstattung, die der Bewegung am Ende eher genützt als geschadet hat. Und zwar deswegen, weil es viele Menschen darin bestätigt hat, dass die sogenannten Mainstream-Medien nicht ausgewogen berichten, sondern eine Schubladisierung vorantreiben. Schubladisierung ist der Fachbegriff für »alle in einen Topf werfen«. Natürlich liefen dort auch »Rechte« und Reichsbürger mit. Aber eben auch – oder sogar mehrheitlich – »normale« besorgte Bürger.

In einer Reportage wurde eine Frau gefragt, ob es sie nicht störe, dass auf der Demo auch Neonazis anwesend sind. Sie überlegte kurz und sagte dann in die Kamera: »Ganz ehrlich: Wenn das Haus brennt, dann ist es mir egal, wer das Wasser bringt.« Dieser Satz hat mich lange beschäftigt. Wenn das Haus brennt, dann ist es egal, wer das Wasser bringt. Diese Frau ging also davon aus, dass das Haus Deutschland brennt, und erklärte, beim Löschen sei die Gesinnung der Wasserträger zu ignorieren. Sehr interessant. Man könnte ihm, dem Wasserträger, natürlich auch sagen: »Danke fürs Wasser, Kollege. Stell es dahin. Löschen kann ich allein. Tschüssi.« Aber dann würde er vermutlich zornig werden und den Eimer umtreten. Er will bestimmt mitlöschen. Gemeinsam löscht es sich einfach stimmungsvoller und effektiver.

Wie soll man gegen eine solche Argumentation ankommen? Sie ist entwaffnend. Und inklusiv. Sie schließt niemanden aus. Sie ist im schlechtesten Sinne inklusiv. Aber nicht dumm. Eher dummdreist. Wenn man Hunger hat, ist es egal, wer das Essen bringt. Wenn man Schmerzen hat, ist es egal, was der Doktor sonst so denkt. Wenn das Haus brennt, dann ist es egal, wer das Wasser bringt. Ich fragte mich selbst: »Wenn Adolf Hitler persönlich dir einen Eimer

Wasser gibt, würdest du ihn dann nicht ins Feuer schütten, um dein Haus zu retten?« Ich überlegte. Und antwortete: »Ganz ehrlich, bei Adolf Hitler würde ich erst mal prüfen, ob es nicht Benzin ist.«

Leider sollte mich das Thema Querdenker noch längere Zeit beschäftigen.

Kapitel 22

Alle Auftritte ganz hairvorragend

Die Auftritte in diesem Sommer waren allesamt hervorragend. Also hervorragend organisiert. (Es gibt übrigens in der Nähe von Hamm einen Friseur, der heißt wirklich *Hairvorragend*. Aber das ist eine andere Geschichte.) Die Veranstalter gaben sich in dieser Zeit alle Mühe, uns Künstlern Auftrittsmöglichkeiten zu verschaffen, bei denen alle erforderlichen Maßnahmen eingehalten werden konnten. Das war die Grundvoraussetzung. Alles andere war Schicksal.

In Trier spielte ich mein Soloprogramm auf dem Vorplatz der Arena. Vier Meter hohe Bühne, maximaler Abstand zu und zwischen den Leuten und hinter der Bühne eine vierspurige Schnellstraße. Was will man mehr.

Das genialste Konzept in dieser Zeit war das sogenannte Strandkorb-Open-Air. Die Vorteile lagen auf der Hand. Es war draußen, die Strandkörbe konnten auseinandergeschoben werden, und ihre Seitenwände boten zusätzlichen Schutz. Damit auch die Insassen der hinteren Strandkörbe über die vorderen Strandkörbe hinweg die Bühne sehen konnten, musste diese allerdings auf acht Meter angehoben werden. Die erforderliche Fläche für zweitausend Menschen in eintausend Strandkörben war am Ende so groß wie ein Fußballfeld. Ich lief also die sechzig Stufen zählende Stahltreppe hinauf, stand vor einem fußballfeldgroßen

Areal mit Strandkörben und sah den Mond von Wanne-Eickel. In Bochum. Herrlich. »Weit wech genuch, um uns nich anzustecken issa ja«, rief einer aus der ersten Reihe. »Ma sehn, ob der Funke trotzdem überspringt.« Die erste Reihe war fünfzehn statt normalerweise drei Meter von mir entfernt. Der Funke musste also groß und stark sein.

Menschen in Strandkörben vermitteln automatisch den Eindruck, dass sie im Urlaub sind und aufs Meer gucken. Und so fühlte ich mich auch. Wie das Meer. Beharrlich, unermüdlich und vom Mond gelenkt, versuchte ich, den Sand aus Menschen mit Witz zu fluten. Jede meiner Wellen war der Versuch einer Pointe. Doch nur die richtig großen Wellen erreichten die Leute. Die anderen … versandeten.

In Hattingen moderierte ich innerhalb von vier Wochen sechsmal die Sendereihe *Zum Lachen ins Revier* für den WDR. Auf dem Außengelände der Henrichshütte. Die Zuschauer saßen auf einer riesigen freien Asphaltfläche mit Blick auf die imposante verrostete Hochofenkulisse, vor der die Bühne stand. An zwei Abenden war es über dreißig Grad im Schatten, an zwei Abenden unter sechzehn Grad, und an den letzten beiden hat es durchgeregnet. Hat aber trotzdem großen Spaß gemacht. Im Nachhinein.

Die äußeren Bedingungen zum Arbeiten waren lästig und unvorhersehbar. Wir waren ein Spielball der Umstände. Es galt das Motto: flexibel bleiben. Was die Inhalte anging, war es aber auch nicht immer einfach. Alle Kollegen arbeiteten sich mehr oder weniger am Pandemie- und Querdenkerwahnsinn ab. Darum musste man genau zuhören und überschüssige Spahn- oder Klopapierwitze die Toilette runterspülen. Wie ich mit den alles beherrschenden Themen umgegangen bin, soll die folgende Nummer verdeutlichen, die ich in diesem Sommer im MDR zum Besten gab. Hier die wörtliche Abschrift:

Ich bin verwirrt. Was darf man eigentlich noch sagen? Was darf man noch fragen? Darf man eigentlich »Was darf man eigentlich noch sagen?« noch fragen?

Was darf man noch sagen? Alles wird gegendert. Neulich sagte einer: Jetzt darf mein Café innen wieder öffnen. Das ist doch Wahnsinn. Was kann man noch sagen?

Was kann man noch glauben? Die Pandemie ist bald vorbei. Glauben Sie das? Die Pandemie wird uns noch lange begleiten. Glauben Sie das? Ich habe Angst.

Wir erleben ja eine Schürung der Ängste. Zum einen wird die Angst vor der Erkrankung, zum anderen die Angst vor der Impfung geschürt. Es ist ein Krieg der Ängste. Ein Krängste. Mein Cousin hat gesagt: »Die Pandemie ist ein Angstporno, und am Schluss wird gespritzt.« Diesen Satz muss man sich mal auf der Zunge zergehen lassen.

Er hat auch gesagt: »Troja ist ein koreanisches Schwert.« Nein. Moment. Er hat gesagt: »Corona ist ein Trojanisches Pferd.« Genau. Aber ich habe das nicht verstanden.

Ich verstehe so viel nicht. Jens Spahn will uns alle chippen, impfen, sterilisieren, klonen und töten. Mit nur einer Spritze. Das ist doch Wahnsinn.

Jens Spahn wurde am 16. Mai geboren. Und wenn man die Buchstaben von Jens Spahn in Zahlen schreibt und addiert, dann kommt da 106 bei raus. Am 16. geboren, die 106 in der Addition der Buchstaben, und AstraZeneca ist ab 60. Fällt euch was auf? Es kommt dreimal die 6 vor. Dreimal die 6! Die 666 ist im Malzeichen des Tieres das Symbol für den Antichrist. Merkt ihr was, Leute? Jens Spahn ist der

Antichrist. Und jetzt empfiehlt er die Kreuzimpfung. Der Antichrist empfiehlt die Kreuzimpfung! Leute, wacht auf.

Unterstützt wird er dabei von der STIKO. Das ist die Abkürzung für Staatliches Impf-Komplott. Und alle sechs Tage treffen sie sich in seiner neuen Villa. Alle sechs Tage um sechs Uhr im sechsten Untergeschoss. Des sin Fäkten.

In der Villa feiert Spahn zusammen mit den Transhumanisten, den Eugenikern und den Adrenochrom-Trinkern. Und mit unserem Bundeskanzler, mit Bundeskanzler Merkel, der der heimliche Sohn von Adolf Hitler ist. Leute, wacht auf! Und von diesem Merkel, der ursprünglich aus der tiefsten ostdeutschen Provinz kommt, von dem lassen sich alle das Virus erklären? Im Ernst? Corona Drehkreuz Uckermark. Das heißt abgekürzt CDU.

Und jetzt sagt ihr, wir sind geimpft und leben noch. Ja Leute, das ist doch der Trick. Man stirbt nicht sofort. Die Impfung verursacht Langzeittote. Das heißt, man stirbt nicht sofort, sondern manchmal erst nach langer Zeit. Nach dreißig, fünfzig, oder nach siebzig Jahren. Wollt ihr das? In siebzig Jahren, da bin ich noch nicht mal hundertzwanzig.

Dazu kommen vierzig Prozent Kurzzeittote und sechzig Prozent Teilzeittote.

Und das sind nur die offiziellen Zahlen. Die Dunkelziffer liegt weit darüber.

Wir hätten die ganze Scheiße ja längst im Griff, wenn wir weniger testen würden. Na klar. Wie wird denn das Virus übertragen? Durch den Test natürlich. Glaubt ihr, diese Autoantennen, die sie euch tief hinten reinschieben, glaubt ihr, die sind sauber? Seid ihr wirklich so naiv?

Und nicht nur das: An jedem sechsten Teststäbchen hängt eine Überraschung dran. An jedem sechsten Teststäbchen ist eine genetische Schere angebracht. Mit dieser genetischen Schere kann man das Bewusstsein verändern. Das kann man überall nachlesen. Das Bewusstsein wird verändert! Man geht ganz normal morgens zum Test, man kommt wieder nach Hause, und man ist total bescheuert! Leute, ich weiß, wovon ich spreche. Wacht endlich auf!

Was für eine Nummer! War das zu hart? Zu irritierend? Wie sich einige Monate später herausstellen sollte: durchaus. Die Kommentare, die direkt nach der Ausstrahlung der Nummer ins Internet geholzt wurden, die kann man sich vorstellen. Und darum ist es auch nicht nötig, sie zu lesen. Man stellt sie sich einfach nur vor. Das reicht schon. Mir gelingt es jedenfalls immer wieder ganz hairvorragend, tschuldigung, hervorragend, Internetkommentare über meine Arbeit zu ignorieren.

Die landesweite Kommentiermentalität ist mir sowieso ein Rätsel. Ich verspüre beim Konsum von Unterhaltungsformaten fast nie den Impuls zu einer schriftlichen Bemerkung, die alle lesen können. Ebenso verbreitet wie das Schreiben ist das mündliche Zitieren von Kommentaren. Auch das finde ich fraglich. Denn mein Eindruck ist: Wir reden zu viel über Geschriebenes. Über hastig Dahingerotztes wird in Deutschland viel zu viel gequatscht. Warum ist das so?

Den ganzen Tag wird gepostet und kommentiert, was uns der Geist in die Fingerkuppen diktiert. Und anschließend … wird darüber geredet. Darüber, wie der Post angekommen ist im Netz. Über die Missverständnisse, die er ausgelöst hat, und die blöden Bemerkungen dazu. Mittlerweile ist ja fast jeder schon digital beleidigt worden. Jeder

Hanswurst hat heute seine eigene Shitstorm-Geschichte. Und erzählt sie gerne. Weil er sie alle noch im Kopf hat, die fiesen Kommentare, die immer fieser wurden. Darüber kann man sich wunderbar aufregen. Über die eigenen Verletzungen und den moralischen Niedergang. In jeder zweiten Diskussionsrunde wird sich doch mittlerweile über die digitale Empörung empört.

Und wie selbstverständlich werden in dieser Gemengelage Kurznachrichten abfotografiert und weitergeleitet. Screenshots von verbalen Entgleisungen werden wie Trophäen gehandelt. Ich erinnere mich noch gut an kurznachrichtliche Auslassungen von Dennis Aogo und Jens Lehmann, die wie Beweise für die Verrohung der Sitten an die Wände der TV-Studios projiziert wurden. Als wäre ihre Weiterleitung und Ausstellung nicht die viel größere Verrohung.

Und auch wenn es gerade mal nicht um den Internet-Mob geht, hört man in den Talkshows trotzdem immer wieder diesen einen Satz: »Oh, das könnte jetzt aber einen Shitstorm auslösen.« Dieser Gedanke an sich ist schon nutzlos. Ihn auszusprechen ist es aber noch mehr. Er sollte keinen Platz bekommen. Die angesprochene Sorge vor dem geschriebenen Getöse erhöht doch nur dessen Bedeutung. Und den Reiz, es wieder zu tun. Dabei wäre Geringschätzung angesagt.

Eine Aussage, unkontrolliert in eine Tastatur gekloppt, hat nämlich oft einen fundamental anderen Wert als eine Aussage, die einem Menschen direkt ins Gesicht gesagt wird. Und deshalb sollte diese Aussage auch zwingend anders behandelt werden.

Mal ein Beispiel: Von einhundert Leuten, die allein zu

Hause sitzen und anonym ins Netz posten »Die muss doch nur mal richtig durchgenudelt werden, die Alte«, wie viele davon würden das der Frau direkt ins Gesicht sagen? Nicht einer würde das tun. Alle würden eher sagen: »Ach, guten Tag. Ich wollte sagen, ich finde … na ja … Ihre Politik irgendwie blöd.« Und damit zerbröselt der sexistische Durchnudel-Kommentar sofort ins Hodenlose.

Aber die ganzen Krakeeler, die ihre Meinungen in die Welt dreschen, die werden aufgewertet. Dadurch, dass wir über sie reden. Und schreiben. Essays, Bücher, Gedichte. Sie werden angestachelt und bestätigt. Weil sie merken, dass man sich mit ihnen und ihren jämmerlichen Bemerkungen beschäftigt.

Ich meine hier selbstverständlich nicht gerichtlich relevante Beleidigungen und Drohungen. Sondern ich meine die ganz normalen Widerlichkeiten, die von der freien Meinungsäußerung gedeckt sind.

Dazu fällt mir direkt ein Beispiel bei uns zu Hause ein. Wenn meine Tochter mich am Abendbrottisch prüfend anguckt und dann sagt: »Papa, du bist fett wie 'ne dicke Kackwurst«, dann kommentiere ich das nicht weiter. Ich bleibe ungerührt. Weil ich nur so erreiche, dass sie damit aufhört. Ja. Auch wenn es schwerfällt. Aber das sind doch pädagogische Grundfertigkeiten. Und wenn mich ihre Äußerung komplett auf die Palme bringt, dann beweist das nur, dass sie verdammt noch mal recht hat.

Es geht doch am Ende auch um die Verhältnismäßigkeit. Wenn jemand viertausend Hassnachrichten bekommt, dann sind das für sich genommen erst mal sehr viele. Sie kommen aber von zweiundachtzig Millionen Bürgern. Das sind am Ende Nachrichten von 0,005 Prozent der Bevölkerung. Und wegen dieser 0,005 Prozent entsteht dann ein Buch mit dem Titel: *Die Shitstorm-Republik.* Ernsthaft? Werden damit nicht 99,995 Prozent der Bevölkerung mit in einen Topf geworfen, in den sie nicht gehören?

Missversteht mich nicht falsch. Ich möchte den Pöblern nicht das Feld überlassen. Ich möchte ihnen aber das Echo nehmen.

Oder, wie Willy Brandt sagen würde: Wir wollen mehr Ignoranz wagen.

Kapitel 23

Sohnische Fragen

Apropos Ignoranz. Unsere Kinder haben mit dem ganzen Social-Media-Kram nicht viel am Hut. Das wird sich ändern. Aber noch werden WhatsApp-Gruppen weitgehend ignoriert und smartphonesüchiges Verhalten ist nicht in Sicht.

Statt zu zocken stellt mein Sohn mir lieber komische Fragen.

»Papa, was ist eigentlich der Unterschied zwischen Haltung und Meinung?«

»Zwischen Haltung und Meinung?«

»Ja.«

»Zwischen Haltung und Meinung.«

»Genau.«

»Braucht ihr das für die Schule?«

»Nein.«

»Warum willst du das dann wissen?«

»Einfach so.«

»Einfach so?«

»Ja.«

»Den Unterschied zwischen Haltung und Meinung?«

»Ja.«

»Warum bist du eigentlich mündlich so schlecht in der Schule?«

»Jetzt lenk nicht ab.«

»Nee, sag mal.«

»Papa! Du lenkst ab.«

»Ich komme gleich zu deiner Frage. Aber was ist mündlich los bei dir? Warum ist die Note mündlich fast immer schlechter?«

»Das war doch bei dir früher auch so.«

»Jetzt lenk nicht ab.«

»Das sagt ja der Richtige.«

»Versuch es mir mal zu erklären. Hast du keine Lust, dich zu melden?«

»Ja.«

»Warum denn nicht?«

»Weil ich die Antwort ja meistens schon kenne.«

»Ja, eben. Darum geht es doch. Du kennst die Antwort und zeigst das der Lehrerin.«

»Aber die sollte das doch lieber denen erklären, die es nicht wissen.«

»Bitte was?«

»Dafür ist die doch da.«

»Du hast das Prinzip Schule nicht verstanden, oder?«

»Doch. Warum hast du dich denn nicht gemeldet früher?«

»Na, weil ich die Antwort eben NICHT wusste.«

»Warum das denn nicht?«

»Weil ich nicht gelernt hatte.«

»Warum das denn nicht?«

»Weil ich faul war.«

»Warum denn?«

»Weil ich unglücklich war.«

»Warum denn?«

»Wegen … wegen … wegen allem.«

»Aha.«

»Wenn wir jetzt zusammen im Unterricht sitzen würden, wir beide, beide gleich alt, achte Klasse, und die Lehrerin stellt eine Frage …«

»Dann …«

»Dann würdest du dich nicht melden?«

»Wenn ich die Antwort weiß, dann eher nicht.«

»Und dann nimmt sie mich dran und stellt meine Unwissenheit zur Schau.«

»Kann sein.«

»Du würdest also …«

»Papa, ich würde glaube ich sowieso nicht neben dir sitzen.«

»Warum das denn nicht?«

»Weißt du, wie du früher ausgesehen hast?«

»Ja.«

»Wie ein Freak.«

»Das war doch eine ganz andere Zeit. Andere Mode. Anderer Geschmack.«

»Jaja.«

»Ich weiß gerade auch nicht, ob ich neben dir sitzen möchte.«

»Na dann.«

»Wenn es nach dir ginge, dann würde sich der Schüler melden, der die gestellte Frage nicht beantworten kann.«

»Genau. Und der würde das dann gemeinsam lösen. Mit den anderen. Die das auch nicht können. Es gäbe also nicht das übliche *Wissen abfragen*, sondern *Wissen erarbeiten*. Und wir Wisser hätten unsere Ruhe.«

»Komischer Junge bist du.«

»Das sagt ja der Richtige. Was ist denn jetzt mit meiner Frage? Der Unterschied zwischen Meinung und Haltung.«

»Argh!«

»Das ist mein Text.«

»Okay, mein Sohn. Ich versuche es mal. Haltung und Meinung. Klingt ja erst mal ähnlich. Aber Haltung ist halt ... einfach ... was anderes als Meinung.«

»Ach.«

»Ich bin zum Beispiel der Meinung ... oder anders, ich halte mich gerne mit meiner Meinung bedeckt.«

»Warum?«

»Aber nicht mit meiner Haltung. Beziehungsweise glaube ich, dass meine Haltung für andere Menschen erkennbar durchscheint, ohne dass ich meine Meinung explizit sage. Oder meine Haltung.«

»Das ist ja bescheuert.«

»Wieso?«

»Was ist zum Beispiel ganz konkret deine Haltung zum Thema Umweltschutz, Papa?«

»Na, das weißt du doch. Ich bin dafür.«

»Aber?«

»Aber ich meine auch, dass ich Auto fahren darf, ohne moralisch dafür angegangen zu werden.«

»Was hältst du von Massentierhaltung?«

»Genau der gleiche Fall.«

»Du bist dafür?«

»Nein. Witzbold. Ich bin dagegen. Ich meine aber auch, dass ich Fleisch essen darf, wenn ich will.«

»Jeder soll also frei entscheiden können?«

»Ja.«

»Das heißt, du wählst die FDP.«

»Nein! Natürlich nicht. Ich meine aber auch … dass dich das nichts angeht.«

»Das klingt für mich so, als würdest du sagen: Ich bin gegen Nazis, ich meine aber auch, dass jeder selbst entscheiden soll, ob er, wenn er beim Bäcker reinkommt, den Hitlergruß macht.«

»Was? Nein! Natürlich nicht. Doch nicht beim Bäcker!«

»Witzig.«

»Du hast doch angefangen.«

Wir schweigen.

»Du könntest schon mehr tun, Papa, wenn du für Umweltschutz bist.«

»Ich weiß.«

»Du könntest viel mehr mit dem Fahrrad machen.«

»Ja.«

»Du könntest weniger Fleisch essen.«

»Ja, doch.«

»Du könntest …«

»Könnte könnte Fahrradkette. Darum geht es doch jetzt gar nicht. Du könntest auch zum Sport immer mit dem Fahrrad fahren. Aber es geht doch jetzt um Haltung und Meinung. Ich glaube, eine Haltung ist etwas Grundsätzliches. Eine grundsätzliche Einstellung gegenüber bestimmten Sachverhalten. Meinung ist eher differenzierter. Konkreter. Kleinteiliger. Nicht so pauschal zu beantworten.«

»Verstehe.«

»Für ein und dieselbe Sache einzustehen, mit einer gewissen Haltung, das kann ja auch ganz unterschiedlich schwer sein.«

»Verstehe ich nicht.«

»Zum Beispiel auf eine Anti-Nazi-Demo zu gehen, das ist in Berlin-Kreuzberg viel leichter als zum Beispiel in Hoyerswerda.«

»Wo liegt das denn?«

»Irgendwo im Osten.«

»Baust du deine Argumentation jetzt auf ein Vorurteil auf?«

»Ja. Warum nicht? Vorurteile sind ja nicht per se etwas Schlechtes.«

»Aha.«

»Sondern sie können auch helfen, im Leben klarzukommen.«

»Aha.«

»Vorurteile erleichtern das Leben.«

»Soso.«

»Wer Vorurteile hat, ist im Vorteil. Darum steckt das Wort da schon mit drin.«

»Klingt logisch.«

»Glaubst du nicht?«

»Doch!«

»Ich erkläre es dir, mein Sohn. Wenn ich zum Beispiel jemandem begegne, den ich nicht kenne, ich weiß aber, welcher Gruppe er angehört, dann ahne ich, eben aufgrund der Gruppenzugehörigkeit, dass er sich jetzt vielleicht so und so verhalten könnte, weil ich weiß, dass andere aus seiner Gruppe sich auch des Öfteren schon einmal so und so verhalten haben.«

»Häh?«

»Einfaches Beispiel: Stell dir mal vor, hier steht plötzlich ein Löwe im Wohnzimmer. Genau hier. Ein Löwe.

Ein Löwe, den ich nicht kenne. Dann ahne ich: Ah ja, der könnte mich gleich auffressen. Das ahne ich aber nur, weil ich weiß, dass andere, die auch zur Gruppe der Löwen gehören, bereits des Öfteren mal einen aufgefressen haben.«

»Klar.«

»Das heißt im Umkehrschluss nicht, dass der Löwe mich auf jeden Fall auch auffressen wird.«

»Nein.«

»Aber wenn er mich auffrisst, dann …«

»Dann?«

»Ja, dann … dann bin ich einfach nicht mehr so überrascht. Und das ist der Vorteil.«

»Klingt logisch.«

»Ja, oder? Anderes Beispiel. Wenn ich zum Beispiel einen Polen treffe, in meinem Wohnzimmer, einen Polen, den ich nicht kenne. So, dann ahne ich: Ah ja, der könnte … also, es könnte sein, es ist sogar wahrscheinlich, dass dieser Pole jetzt gleich nicht richtig gut Deutsch spricht. Das ahne ich aber nur, weil ich weiß, dass andere aus der Gruppe der Polen ebenfalls nicht so gut Deutsch gesprochen haben.«

»Verstehe.«

»Und dann bin ich einfach nicht mehr so überrascht, wenn er zu mir sagt: ›Geb Uhr.‹ Dann verbessere ich ihn einfach und sage: ›Entschuldigung, wenn, dann heißt es: *GIB die Uhr, bitte.*‹ Und dann geb ich ihm halt seine Uhr wieder. Die ich ihm vorher aus Versehen geklaut hatte.«

»Papa, du bist hier nicht auf der Bühne.«

»Ich weiß. Verzeih. Aber du verstehst, was ich meine?«

»Ja klar. Deine Haltung gegenüber Vorurteilen ist grundsätzlich positiv. Deine Meinung über Polen ist eher negativ.«

»Was? Nein. Ich liebe Polen. Argh.«

»Hör auf mit den Inflektiven. Das ist peinlich.«

»Meine Haltung wird glaube ich sehr deutlich im Wahlverhalten. Ich esse gerne Fleisch, ich fliege ab und zu, ich fahre gerne mal hundertachtzig, aber ich wähle immer eine Partei, die für ein Tempolimit ist und die Massentierhaltung und Inlandsflüge ablehnt. Und diese Dinge unrentabel machen würde. Durch höhere Unternehmenssteuern zum Beispiel.«

»Also das Produkt verteuern würde.«

»Ja, wahrscheinlich.«

»Und weil du es dir leisten kannst, hast du damit kein Problem.«

»Das kannst du so nicht sagen.«

»Wenn umweltschädliche Produkte teuer sind …«

»Dann bin ich dafür. Aber nicht, weil ich es mir leisten kann, sondern aus einer Grundhaltung heraus. Auch als Kinderkrankenpfleger oder Student, als ich nicht viel Geld hatte, habe ich so gedacht und so gewählt. Das monetäre Argument ist ein rein spekulatives. Und beim Tempolimit könnte ich mir ja auch nicht durch viel Geld eine Erlaubnis zum Rasen erkaufen.«

»Okay. Aber Papa, was ich nicht verstehe: Du könntest ja auch ohne Verbot auf das alles verzichten.«

»Auf euch verzichten? Niemals.«

»Wieso auf uns?«

»Ihr seid es doch, die meine Klimabilanz in den Abgrund ziehen.«

»Aber doch nur, bis wir achtzehn sind, oder?«

»Keine Ahnung. Aber anstatt dass ihr Kinder immer freitags aus Umweltgründen auf die Schule verzichtet, könnten ja auch Erwachsene aus Umweltgründen auf Kinder verzichten.«

»Zu spät bei dir. Du hast auch schon wieder abgelenkt. Warum verzichtest du nicht auf Fleisch, Inlandsflüge und Rasen auf der Autobahn, ohne dass es erst gesetzlich eingeschränkt wird?«

»Ach, mein Sohn. Ich bin zu alt. Ich ändere mich nicht mehr. Du bist noch jung. Du kannst noch alles verändern. Du entwickelst dich. Mal hierhin. Mal dahin. Wirst suchen. Und finden. Und verlieren. Und gewinnen. Wirst lieben. Und leiden.«

»PAPA. Was willst du mir damit sagen? Dass du zu alt bist, um dein Leben zu ändern? Zu alt zum Ändern, zu alt zum Gendern? Ist das dein Ernst? Wie bequem ist das denn? Eine billige Ausrede.«

»Junge. Es ist wissenschaftlich erwiesen, dass Menschen ab einem gewissen Alter …«

»Alles so lassen müssen, wie es ist? Ist das dein Ernst?«

»Hör mir doch mal zu! Weißt du, wo ich gerade rausgeflogen bin?«

»Keine Ahnung. Aus dem Zug? Aus einer Sendung? Bei Mama?«

»Nein. Ich bin gerade rausgeflogen aus der werberelevanten Zielgruppe.«

»Häh? Papa, du nervst mich.«

»Die Gruppe der Vierzehn- bis Neunundvierzigjährigen wird als werberelevante Zielgruppe bezeichnet.«

»Was?«

»Du bist gerade drin. Ich bin gerade draußen.«

»Warum?«

»Weil es bei den Menschen ab vierzehn eine stark ansteigende und bei Menschen ab fünfzig eine stark abflachende Kurve in Bezug auf Produktmarkenwechsel gibt.«

»Ja, und?«

»Ja, und das heißt, dass diese Menschen sich für die Werbung nicht mehr lohnen. Weil sie nichts mehr ändern, in ihrem Kaufverhalten. Wenn einer seit acht Jahren Rasierer der Firma BLACK kauft, dann wird er nach seinem fünfzigsten Geburtstag aller Wahrscheinlichkeit nach nicht mehr umsteigen auf die Firma YELLOW. Werbung für BLACK und Werbung für YELLOW wären in Bezug auf ihn rausgeschmissenes Geld.«

»Ich hab von diesen Firmen noch nie gehört.«

»Die gibt es auch nicht.«

»Du berufst dich also bei deinem Verhalten auf eine Statistik?«

»Mein Junge.«

»Was?«

»Man kann schon richtig toll reden mit dir.«

»Ich wünschte, ich könnte das Gleiche von dir behaupten.«

»Und meinen Humor hast du.«

»Jaja. Noch mal, du berufst dich …«

»Wann bist du eigentlich so alt geworden?«

»Ich bin vierzehn.«

»Vierzehn? Wahnsinn. Brauchst du schon einen Rasierer?«

»Papa.«

»Tschuldigung.«

»Fuck.«

»Was ist denn?«

»Ich muss zum Tischtennis.«

»Fuck. Da sollte ich dich doch dran erinnern.«

»Fuck.«

»Was?«

»Es regnet in Strömen.«

»Fuck.«

»Sag mal …«

»Ja?«

»Könntest du …«

»Was?«

»Mich fahren?«

»Hast du keine Regenjacke?«

»Bitte!«

»Ich meine doch nur. Für den Weg zum Auto.«

»Ah. Danke.«

Im Auto redeten wir weiter.

»Weißt du eigentlich, woraus eine Regenjacke besteht? Und Gummistiefel? Das ist reines Erdöl.«

»Häh? Mama sagt, die Sachen bestehen alle aus recycelten PET-Flaschen.«

»Oder so. Recycelte PET-Flaschen. Aber Lego. Und Playmobil. Reines Erdöl.«

»Was willst du mir jetzt damit sagen?«

»Nichts. Gar nichts. Ich mein nur. Je mehr man sich aus dem Fenster hängt oder lehnt, wie auch immer, desto mehr … desto eher … muss man auch sein eigenes … äh, Verhalten irgendwie mal …«

»Tschüss Papa.«

»Tschüss.«

Dann stieg er aus. Mein Sohn. Ich schaute ihm nach. Wie groß er geworden war. Gut in Mathe. Interessiert sich für Mineralien. Spielt Tischtennis. Was für ein cooler Typ. Aber was wird mal aus ihm? Genauso werden meine Eltern über mich gedacht haben. Was soll nur aus dem Jungen werden? Ich stehe im Grunde genau zwischen meiner Mutter und meinem Sohn. Und beide ziehen mich in die Vergangenheit. Wenn ich im Haus meiner Mutter bin und in meinem alten Kinderzimmer übernachte, kommen automatisch Gedanken an meine Zeit als Kind. Allerdings fühle ich mich nicht wie das Kind von damals. Denn ich passe jetzt auf sie auf. Auf meine Mutter. Es ist nicht mehr umgekehrt. Sie weckt mich höchstens noch. Und macht mir Frühstück. Und legt mir die Zeitung hin. Aber sonst? Ich bin hier nicht mehr das kleine Söhnchen, sondern der Mann im Haus. Zumindest so lange, bis ihr Freund kommt. Der Franz. Seit acht Jahren sind die jetzt schon zusammen. Wie schön. Wie auch immer. Wenn ich meinen Sohn anschaue, der jetzt vierzehn Jahre alt ist, dann denke ich auch an meine Kindheit. An den vierzehnjährigen Johann. Und überlege, wie ich mich in seinem Alter gefühlt habe. Und wünsche, dass es ihm besser gehen wird als mir in den pubertären Jahren. Aber es sieht ganz so aus.

Kapitel 24

Huhn in Gefahr

Zurück zu den Tieren. Über dreißig Milliarden Hühner gibt es Schätzungen zufolge auf der Welt. Dreißig Milliarden Hühner gegenüber sieben Milliarden Menschen. Besser als umgekehrt. Von diesen dreißig Milliarden Hühnern haben wir fünf. Fünf! Das ist ein prozentualer Anteil von einer unvorstellbar langen Nullerreihe nach dem Komma.

Wir hatten es so gemacht wie so oft am Wochenende. Am Freitag waren wir mit den Hühnern ins Waldhaus gefahren, um dort gemeinsam das Wochenende zu verbringen. Am Sonntagabend entzerrten wir dann das familiäre Gefüge: Meine Frau fuhr mit den Kindern in die Stadt zurück, damit sie dort am nächsten Tag in die Schule spazieren konnten, ich blieb mit den Tieren im Wald, um in Ruhe ein bisschen zu arbeiten.

Am Montagmorgen gegen zehn Uhr stand ich nur mit einer Unterhose bekleidet auf einem Bein am Fenster, schaute in den Garten zu den Hühnern und säuberte meine Zähne mit der vibrierenden Bürste. Dabei stand ich wie immer fünfundvierzig Sekunden auf dem rechten und fünfundvierzig Sekunden auf dem linken Bein. Mit der Fußsohle auf dem Oberschenkel. *Der abgespreizte Eichelhäher*. Auch *Der Baum* genannt. Das mache ich bei jedem Zähneputzen. Drei- bis viermal am Tag. Yoga in den Alltag integrieren. So nämlich! Plötzlich erkannte ich nach mehrmaligem Augenaufreißen, dass ein großer grauer Greifvogel in aller Ruhe an einem Huhn herumrupfte. Ach, du heilige Scheiße! Ich rannte los, riss die Tür auf, sprintete in den Garten und rief: »DU, DU, DU! Lass das! Gehst du wohl. Weg mit dir!« Das völlig verschreckte Tier flog augenblicklich davon. »Haha«, rief ich, »damit hast du nicht gerechnet, was? Da musst du schon früher aufstehen. Du Jammerlappen.«

Was für ein Triumph. Ein Habicht musste das gewesen sein. Davor hatte Jenny schon gewarnt. Dass ein Habicht auf die Hühner losgehen könnte. Der Habicht ist ein Grifftöter. Das bedeutet, die Opfer werden normalerweise von seinen Krallen durchbohrt und getötet. Bei einem relativ großen Beutetier wie dem Huhn gelingt das aber nicht immer. Darum werden die bei lebendigem Leibe gerupft, anschließend seitlich aufgerissen und vor Ort verspeist.

Aber nicht mit mir, Kollege. Haha. Wie entgeistert der geguckt hat. Im Leben nicht hätte er das für möglich gehalten. Dass bei einem der prächtigsten Frühstücke seit Langem plötzlich ein halbnackter alter Mann durch die Tür galoppiert kommt, wie irre mit einer surrenden Zahnbürste rumfuchtelt und ihn dabei lauthals duzt. Was für ein Freak. Aber wo war das Huhn? Und die anderen Hühner? Wie viele hatte der gerissene Schuft schon gerissen? Das angerupfte Huhn war immer noch in Schockstarre. Es war Agathe. Also mein Huhn. Ich hatte meine eigene Henne gerettet. Warum war ausgerechnet sie Opfer des tückischen Luftangriffs geworden? Na, weil sie das Wächterhuhn ist. Natürlich. Haben doch die Kinder gesagt. Bei komischen Geräuschen, wenn sich alle wegducken, macht Agathe das

Gegenteil: Brust raus, Kopf nach oben, Augen überall. Sie hat sich quasi aufgeopfert für die Gruppe. Genauso wie ich es tun würde. Für meine Familie.

Ich untersuchte Agathe. Kein Blut. Nur einige Federn weg. Endlich mal freie Sicht auf die Haut. Die so schön knusprig werden kann. Jetzt die anderen suchen. Zwei lagen völlig verschreckt und starr in den Maschen des Geheges verheddert, die zwei anderen saßen wohlauf im Stall. Das war ja gerade noch mal gut gegangen. Aber eins war jetzt auch klar: Wir brauchten ein Netz über das komplette zwanzig Quadratmeter große Gehege.

Doch nicht nur hier drohte Gefahr. Circa eine Woche später, wir waren alle wieder in der Stadt, sahen wir im Garten der Nachbarn einen Fuchs. Mitten in der Stadt. Am helllichten Tag. Er war abgemagert und struppig und schaute interessiert in Richtung des nicht überdachten Hühnergeheges. Das durch zahlreiche Kinderbücher gestählte Image des Fuchses als verschlagener Fiesling zeigte Wirkung: Die Kinder forderten unverzüglich ein fuchs- und mardersicheres Gehege. Und zwar von mir. Sehr gerne.

Allmählich wurde uns der große Unterschied zwischen Hühner- und Hunde- oder Katzenhaltung deutlich. Hühner müssen geschützt werden, ansonsten werden sie gefressen. Und der Schutz muss dreidimensional sein. Von der Seite. Von oben. Und von unten. Marder buddeln sich durch die Erde, Füchse klettern über den Zaun, Habichte kommen aus der Luft. Ich machte mich ans Werk und landete während der Recherche bei einem Anbieter mit dem vielsagenden Namen OMLET.

Witzig. Dort konnte man aus dreißig verschiedenen Teilen sein individuelles Gehege zusammenstellen. Große Gitter, kleine Gitter, Längsgitter, Quergitter, Rundgitter für die Ecken, Schraubklammern, Anti-Raubtier-Schürze, Sonnenschutz, Walk in Run, Warnweste, Eierspirale, Hühnerschaukel, Verbindungskit, integriertes Legenest und so weiter.

Wie viel Platz haben wir eigentlich im Garten? Und wie viel Platz benötigen die fünf? Darüber gingen die Meinungen auseinander. Unser Stadtgarten ist ungefähr acht mal acht Meter groß. Und die am häufigsten gehörte Forderung der Kinder war: Die Hälfte für die Hühner. Mein Verstand sagte: Das ist zu groß. Mein Phlegma sagte: Mach's einfach. Völlig fertig vom Ausmessen, Überlegen und Konfigurieren bestellte ich am Ende für einen überschaubaren vierstelligen Betrag – also ungefähr für den Betrag, den wir mit dem Verkauf von sechshundert Eiern einnehmen würden, mal zwei – ein ordentlich breites und langes begehbares Gehege mit einem mobilen Stall.

Als eine Woche später die dreizehn großformatigen Pakete ankamen, fragte der Postbote:

»Was kriejen Se denn jez, Herr Könisch? Allet Bratpfannen, oder was?«

»Bratpfannen? Wieso?«

»Na, weil da überall OMLET drauf steht.«

»Ach so. Nein. Da sind wahrscheinlich Gitter drin. Für den Käfig.«

»Sie bauen sisch einen Käfisch? Na ja, jeht mich ja auch nichts an.«

»Ja, für die Hühner.«

»Hühner? Hier in der Stadt?«

»Ja.«

»Alles klar. Sie Komiker. Viel Spaß noch. Tschö.«

So entstehen Gerüchte. Nun ja. Wir schleppten die Pakete in den Garten. Da keine Reihenfolge zu erkennen war, rissen die Kinder zunächst alle Kartons auf und liefen mit einzelnen Stangen, Gittern und Nupsis zu mir.

»Papa, brauchst du das hier jetzt?«

»Weiß ich nicht.«

»Und das hier?«

»Keine Ahnung. Lass das mal da liegen, wo es war.«

»Ich weiß nicht mehr, in welchem Karton das war.«

»Dann leg es da auf den Tisch.«

»Wann ist denn das alles fertig?«

»Morgen vielleicht?«

»Was? Erst morgen?«

»Vielleicht auch übermorgen.«

»Das hier ist bestimmt eine Sitzstange.«

»Ich will auch eine.«

»Komm, wir kämpfen.«

»Aua. AUA.«

»RUUUUHE. ALLE RAUS AUS DEM GARTEN. Ich muss mir erst mal einen Überblick verschaffen. Alleine. Und danach könnt ihr mir gerne helfen.«

Dann kam die Nachbarin zum Zaun.

»Hallo, Johann. Warum schreist du denn so?«

»Hallo, Beate. Ach, ich brauche einfach mal kurz Ruhe.«

»Letztens war ja hier ein Fuchs bei uns im Garten.«

»Ich weiß, deswegen bauen wir ja jetzt diesen Käfig für die Hühner.«

»Dann habt ihr ja immer schön Eier zu Hause.«

»Ja.«

»Hallo, Beate«, sagten die Kinder.

»Hallo, Kinder. Esst ihr denn auch die Eier?«

»Ja, klar.«

»Aber Fleisch esst ihr ja nicht?«

»Nein. Aber Eier sind ja kein Fleisch.«

»Nee, nee. Aber es gibt auch Leute, die sagen, man würde dann Embryos essen.«

»Was? Igitt.«

»Na, dann noch einen schönen Tag euch.«

»Ja. Danke.«

Der Aufbau des Geheges gestaltete sich, sagen wir mal, verständlicherweise anfängerhaft. Nach zwei Stunden waren erste Fortschritte zu sehen. Allerdings taten die Finger weh vom ewigen Zudrücken der Klammern, welche die Gitter miteinander verbanden. Dann sagte mein Sohn, dass die Stützstangen nach innen müssen und nicht nach außen.

Kein Problem. Bauen wir einfach alles noch mal um. Wir haben ja Zeit! Keine drei Nachbestellungen und sechs Tage später stand das auf zwei Meter Raumhöhe ausgerichtete Hühnergehege und nahm gut und gerne die Hälfte unseres kleinen Gartens ein. Herrlich. Wir hatten uns um den Garten eh nie richtig gekümmert und konnten die Verkleinerung daher sehr gut verschmerzen. Dass bereits vier Wochen später das gesamte Gras im Gehege dem Erdboden gleichgemacht worden war, überraschte mich dann aber schon. Komisch. Auf allen Abbildungen bei OMLET sah man in den Gehegen grünes, üppiges Gras. Hatten die für die Fotos einfach eine frische Wiese genommen? Diese Schufte. Wahrscheinlich waren sie es auch gewesen, die uns den Habicht und den Fuchs geschickt hatten. Die Konsequenz aus dem fehlenden Gras im Gehege zogen die Kinder. Sie ließen die Hühner von nun an immer auch in den Rest des Gartens laufen, sobald sie aus der Schule nach Hause kamen. Sodass auch da nach und nach alles Grüne verschwand.

Apropos verschwinden. Wieder einmal standen die Herbstferien an. Die Herbstferien. Diese verdammten Herbstferien. Ständig sind Herbstferien. Ich alter Fuchs hatte allerdings in Absprache mit der Frau, vielleicht war es auch umgekehrt, wir hatten auf jeden Fall bereits im letzten Jahr die Voraussetzung dafür geschaffen, dass die Kinder für eine Weile verschwanden. Und zwar ohne uns!

Kurz nach den letzten Herbstferien in Holland hatten wir das gebucht. Das machen wir oft, dass wir kurz nach den Ferien für die Ferien in einem Jahr buchen, weil wir solche Ferien wie die vergangenen nicht noch einmal erleben wollen. Bei dieser Buchung besaßen wir noch keine Hühner und hatten keine Ahnung, was die Zukunft bringen würde. Und so buchten wir für die damals begeisterten Kinder ein viertägiges WWF-Camp mit dem Titel: »Auf du und du mit Adler, Falke, Habicht und Uhu.« Ja, genau so war es. Das ist kein Scherz.

Die Vorfreude der Kinder auf dieses spektakuläre Wochenende hielt sich nun in Grenzen. Dennoch schafften wir es, sie ordnungsgemäß im Camp abzuliefern. Die kommenden vier Tage wollten meine Frau und ich ursprünglich auf einem Hausboot in Amsterdam verbringen. Der erste kleine Urlaub ohne die Kinder. Seit vielen, vielen Jahren. So war der Plan. Jetzt mussten wir auf die Hühner aufpassen. Und machten einfach Urlaub zu Hause. Ohne Boot. Und ohne Amsterdam. Sehr lustig. Denn wie sag ich so gern: Wer Pläne macht, wird ausgelacht.

Bei der Abholung der Kinder erkannten wir in ihren Gesichtern große Freude, aber auch Spuren des Schreckens. Denn sie hatten das tun müssen, was wir insgeheim geahnt hatten. Sie hatten mit ihren eigenen Händen Greifvögel gefüttert. Und zwar mit Küken. Mit toten, kalten Küken. Sehr tapfer.

Kapitel 25

Die Hoffnung stirbt zuletzt – aber sie stirbt

Apropos tot. Die Hoffnung auf ein paar schöne und entspannte Tourtermine im Herbst starb langsam, aber sicher. So sicher, wie die Infektionszahlen stiegen. Die Auftritte, die stattfinden durften und konnten, waren geprägt von Verunsicherung und Verkrampfung. Ich erinnere mich noch sehr gut an die Show in Stade. Um kurz vor acht betrat der Hallenchef die Bühne und stellte sich vors Mikrofon. *Was tut der da?*, fragte ich mich. *Was soll das? Ich bin doch gleich dran. Ist das abgesprochen?* Und dann hörte ich ihn sinngemäß Folgendes sagen: »Liebes Publikum! Schön, dass Sie da sind. Ich muss Sie nur kurz auf eine Sache hinweisen. Während der gesamten Vorstellung besteht Maskenpflicht. Bitte halten Sie sich daran. An den Seiten stehen Leute vom Sicherheitsdienst. Die kontrollieren während der gesamten Show das Tragen der Maske. Darum wird auch der Saal nicht ganz abgedunkelt. Wer sich nach wiederholter Aufforderung nicht an die Maskentragepflicht hält, wird von den Sicherheitsleuten rausgeholt und muss die Veranstaltung verlassen. Und jetzt wünschen wir allen einen schönen Abend mit Johann König.«

Alter. Ist das dein Ernst? Wir sind im zweiten Corona-Jahr. Alle wissen um die Maskenpflicht. Alle sind geimpft.

Alle sind sensibilisiert für die Maßnahmen. Und dann kommt so eine Ansage? Wie soll man denn nach so einer Eröffnung entspannt den Abend genießen?

In den Medien hörte man in dieser Zeit Folgendes: Die vierte Welle rollt an. Omikron ist höchst ansteckend. Wir wollen vor die Welle kommen. Aber ohne Lockdown. Und ohne Schulschließungen. Wir schließen lieber die Kultur. Was mich beruflich einigermaßen am Laufen hielt, waren nach wie vor die Fernsehauftritte. Gleich zwei standen in der kommenden Woche an: eine Aufzeichnung im *Quatsch Comedy Club* und eine bei *Dieter Nuhr*. Beide in Berlin. Mit einem Off-Day dazwischen. Ich freute mich drauf.

Und dann zu Hause der Schock: Der Test der Mittleren war positiv. Von einem Moment auf den anderen war alles anders. Ein Strich zu viel. Was hieß das jetzt? War ich auch schon positiv? Steckte ich mich jetzt gleich an? Ich musste nach Berlin. Ich wollte nach Berlin. Bitte. Verdammtes Virus. Ich musste hier raus. Das Kind fühlte sich schlecht. Es spürte meine Zerrissenheit. Und fing an zu weinen.

»Was machst du jetzt?«, fragte meine Frau.

»Ich fahre ins Waldhaus. Da bin ich sicher.«

»Okay.«

»Und übermorgen komme ich noch mal und hole meine Sachen.«

»Okay.«

»Ich küsse euch ... jetzt nicht mehr.«

»Okay.«

»Das wird schon wieder. Ich muss arbeiten.«

»Okay.«

»Ich liebe euch. Tschüss.«

»Tschüss, Papa.«

Und weg war ich. Schrecklich. Aber notwendig. Das Waldhaus als Fluchtort. »So muss es sich anfühlen, wenn man Hals über Kopf verlassen wird«, unkte meine Frau später am Telefon. »Warte erst mal ab, wie es sich am Montag anfühlt, wenn ich meine Koffer hole«, unkte ich zurück.

Am Montag gegen zwölf Uhr klingelte ich am Haus. Der Große war mittlerweile auch positiv. Die Jüngste und meine Frau noch nicht. Sie öffnete mir, ich mit Maske, sie mit Maske. Sie ging in die Küche, ich durch den Flur an den Kindern vorbei, alle mit Maske. Dann ich nach oben. Um meine Sachen für drei Tage zu packen, mit Bühnenklamotten und so weiter, brauche ich eigentlich locker sechzig Minuten. Diesmal war es anders. Keine acht Minuten später war ich fertig, lief mit dem Koffer die Treppe runter vors Haus und bestellte mir ein Taxi. Alle vier standen mit Maske am Fenster und winkten. Dieses Bild werde ich nie vergessen. Die ganze Situation war irgendwie weird, wie der Lateiner sagt. Also strange. Ein bisschen scary. Und creepy. Oder sagen wir einfach: maximal unschön.

Das Positive war: Ich blieb negativ und konnte die zwei Auftritte machen. Dafür war ich sehr dankbar. Allerdings ist das Einzige, woran ich mich bei dieser Reise noch erinnern kann, der Empfang beim *Quatsch Comedy Club*. Denn dort wurde jedem als allererstes eine Pistole an die Stirn gehalten. Eine Fieberpistole. Und wer Fieber hatte, der wurde erschossen. :-) Es war der letzte Auftritt des Jahres.

Auf sage und schreibe vierundzwanzig Solo-Abende bin ich in diesem Jahr gekommen. In einem guten Jahr können es bis zu achtzig sein. Als das Programm *Jubel Trubel Heiserkeit* startete, waren die Kinder sechs, acht und zehn Jahre alt. Und die Geschichten über sie dementsprechend. Dementsprechend bescheuert. Jetzt sind die Kinder zehn, zwölf und vierzehn. Vier Jahre lang spielte ich dieses Programm, anstatt zweieinhalb Jahre. Die Wut über die Umstände und die Verzweiflung über die Zerrissenheit der Gesellschaft schwappte immer wieder in Wellen über mich.

Und speziell in diesen Momenten erwies sich die Familie als größte Stütze. Denn sie bot die Dinge, die man allein schwer findet. Schutz. Und Rückhalt. Und Geborgenheit. Und Liebe.

Kapitel 26

Querdenker treffen beim Querdenkertreffen

Apropos Zerrissenheit der Gesellschaft. Weil die meisten Live-Auftritte nicht stattfinden konnten und ich die Zeit nicht ausschließlich zu Hause verbringen wollte, besuchte ich in diesen Tagen meine Mutter in Soest und fuhr einen Tag später zu einem Querdenker-Treffen nach Lippstadt. Mein lieber Cousin hatte mich – wohl eher im Spaß – gefragt, ob ich nicht Lust hätte vorbeizukommen, und ich hatte Lust. Einfach aus Neugier. Aus Interesse an diesen Menschen, gegenüber denen ich so viele Vorurteile besaß. Insgeheim hielt ich sie ja für esoterisch angehauchte Wissenschaftsskeptiker. Mit einem grundsätzlichen Misstrauen gegenüber dem Staat. Und einem rabiaten Freiheitsverständnis.

Ob sich das hier bestätigen sollte? Ich war für alles offen und fühlte mich ein bisschen wie ein Undercover-Agent.

Der Ruf meines Cousins in der Szene schien einwandfrei zu sein. Man ließ mich jedenfalls problemlos eintreten in den Privatgarten, in dem die wöchentlichen Querdenker-Treffs stattfanden. »Wen der mitbringt, der muss in Ordnung sein«, war wohl die einhellige Meinung. Im Garten war es dunkel, und es roch nach einer ganz normalen Grillgesellschaft. Mit vielen Kerzen, offenem Feuer, Bier aus Flaschen und Würstchen vom Rost. Ein paar sagten »Hallo« und waren keineswegs irritiert von meinem Erscheinen. Eine tolerante Truppe! Und ich gab mich als offener, suchender, unwissender und für alles Mögliche empfänglicher Geselle.

Im Laufe des bierseligen Abends ergaben sich dann allerdings Gespräche, die meine Toleranz in Bedrängnis brachten. Ich sprach zum Beispiel mit einem Biologielehrer, der mittlerweile nicht mehr als solcher arbeitete. Da ich auch einmal Biologie auf Lehramt studiert hatte, ergab sich eine erste kleine Gesprächsgrundlage. Irgendwann kam das Thema Corona auf, und der vielleicht sechzigjährige Mann sagte:

»Weißt du, Johann, es gibt gar keine Viren.«

»Nein?«

»Nein! Es gibt keine Viren. Viren sind eine Erfindung der Pharmaindustrie.«

»Es gibt keine Viren? Meinst du das wirklich?«

»Ich bitte dich. Es ist nie glaubhaft bewiesen worden, dass Viren wirklich existieren.«

»Aber Andreas. Im Studium haben wir doch gelernt, dass Viren ...«

»Johann! Das war eine staatliche Universität. Verstehst du?«

»Ah. Ich weiß, was du meinst.«

»Ja. Hoffentlich.«

»Du meinst also, Viren sind im Grunde ...«

»Stefan Lanka sagt dir was, oder?«

»Stefan Lanka? Nein.«

»Johann. Stefan Lanka. Promovierter Biologe. Der hat den Beweis über die Viren geprüft. Also gegen die Viren. Er hat alle Beweise in sich zusammenfallen lassen. Die Gensequenzen, die dem Virus zugeordnet wurden, in der Studie …«

»Ja?«

»Die sind nichts weiter als Stoffwechselprodukte.«

»Ach du Scheiße.«

»Ganz normale Stoffwechselprodukte des Körpers.«

»Wahnsinn.«

»Genau. Masern zum Beispiel sind eine rein psychosomatische Angelegenheit.«

»Krass.«

»Oder?«

»Das heißt, wer Masern hat, der hat eigentlich ganz andere Probleme?«

»Genau.«

»Und die Masern machen dieses Problem sichtbar.«

»Richtig. Und außerdem …«

»Andreas, ich muss mal kurz pissen.«

Das aktive Zuhören, der empathische Blick, die Zugewandtheit dem Gesprächspartner gegenüber, das sind Dinge, die ich aus dem Effeff beherrsche und die mir keine Mühe bereiten. Wenn mir dabei aber solche Dinge in die Ohren dringen, dann wird's auch für mich hart. Ich wollte ja nicht jetzt schon von der Party fliegen und hielt mich daher mit meiner Meinung zurück. Und mit meiner Haltung. Beim Pinkeln sang ich ganz leise einen Song von Rainald Grebe: »Wissenschaft, oho, ist eine Meinung, die muss jeder sagen dürfen. Wissenschaft, oho …«

Solche Menschen wie diesen Andreas in Reportagen zu sehen ist bereits sehr befremdlich. Wenn einem aber von Angesicht zu Angesicht ein studierter Mensch derartige

Abstrusitäten übermittelt, ohne mit der ironischen Wimper zu zucken, dann verlangt das schon eine an Selbstbetrug grenzende Selbstbeherrschung.

Anschließend ging ich zu einer anderen Gruppe, in der auch mein Cousin stand. Dort sagte jemand den Satz:

»Die Omikron-Variante ist längst gesetzt.«

»Gesetzt? Wahnsinn!«, erwiderte mein Cousin.

Hilfesuchend schaute ich mich um. Aber da war keine Hilfe. Wie sollten sie mir auch helfen? Für sie war ja prinzipiell alles klar. Es waren auch gar keine Gespräche zu hören, in denen Grundsätzliches diskutiert wurde. Grundsätzlich waren alle einer Meinung: »Die Pandemie ist eine PLANdemie.« »Wir sollen verarscht werden.« »Ein weltumspannendes Netz aus bösen Mächten will uns übel mitspielen.« »Aber das lassen wir nicht mit uns machen. Denn wir wissen Bescheid.«

Diese Leitsätze waren … ich sag mal, »gesetzt«. Es ging bei diesen wöchentlichen Zusammenkünften nicht darum, andere zu überzeugen. Das war gar nicht nötig. Aber jetzt war ich da. Was war mit mir? Musste ich noch überzeugt werden?

Die Gruppe schaute mich an. Ich zögerte, war unsicher, ob ich mich dazugesellen sollte. Und holte mir noch ein Bier. Der steigende Alkoholpegel erhöhte die Gefahr einer Eskalation, das war mir bewusst. Aber es ging nicht anders.

Ich kam mit einer Frau ins Gespräch. Nett, zugewandt, intelligent. *Wenn sie mir gleich irgendeinen Unsinn erzählt, dann schaffe ich es nicht mehr, ruhig zu bleiben*, dachte ich. Die Nervosität stieg. Wir redeten über Kinder und Allergien. Ich schaute sie an. »Weißt du«, sagte ich, »es gibt gar keine Allergien.« Irgendwie im Scherz. Und irgendwie auch nicht. Ich war auf Krawall aus und wollte gleichzeitig hier heile wieder rauskommen.

»Wie, es gibt keine Allergien? Was soll das denn heißen?«, fragte sie irritiert.

»Allergien sind rein psychosomatisch«, erwiderte ich, »hat der Andi gesagt«, und ging einfach weg. Ich manövrierte mich Stück für Stück näher an den Abgrund. Und dann merkte ich, wie die Stimmung kippte. Getuschel. Prüfende Blicke. Das Misstrauen dieser Menschen gegenüber dem Staat schien sich auf mich auszuweiten. Wo war mein Cousin?

Die Frau von gerade sprach jetzt mit Andreas, dem Anti-Viren-Experten. Dann schauten beide auf sein Smartphone. Recherchierten sie im Internet über mich? Sahen sie sich meinen Stand-up aus dem MDR an? Das Video, das für meine Verhältnisse ein viraler Hit geworden war? Ich fühlte mich enttarnt und wollte hier weg. Dann kam die Frau wieder zu mir. Auch sie hatte schon zu viel getrunken.

»Sag mal, Johann, bist du eigentlich geimpft?«

»Was?«

»Ob du geimpft bist.«

»Na ja.«

»Was heißt na ja?«

»Och …«

»BIST DU NUN GEIMPFT ODER NICHT?«

»Ich … äh … habe … ich meine … wäre das denn schlimm?«

»Ob das schlimm wäre? OB DAS SCHLIMM WÄRE? WENN DU GEIMPFT BIST?? OB DAS SCHLIMM WÄRE???«

»Ja. Ob das schlimm wäre?«

»Du bist nicht geimpft, oder?«

»Na ja.«

»Du bist also geimpft?«

»Ich denke schon.«

»Ich denke schon. Ich denke schon? Ich wusste es. Ich wusste es von Anfang an. ER IST GEIMPFT. DER JOHANN HIER IST GEEEEEEEIMMMMMPFT!!!«, schrie sie lauthals durch den Garten.

Stille. Entsetzen. Ungläubige Gesichter.

Jetzt hieß es, Ruhe bewahren, jeden im Blick behalten und Fluchtmöglichkeiten abchecken. Alle Augen waren auf mich gerichtet. Körperliche Übergriffe lagen in der Luft, blieben dann aber doch aus. Was auf mich einprasselte, waren lediglich verbale Attacken.

»Wir sind hier alles Ungeimpfte. Und wir wollen nichts mit Geimpften zu tun haben!«

»Genau. So Leute wie du, die nicht für ihre Freiheitsrechte kämpfen, die sind genau dafür verantwortlich, dass unsere Freiheit eingeschränkt wird.«

»Außerdem ist noch nicht geklärt, welche Gefahr von Geimpften ausgeht.«

»Genau. Hau einfach ab.«

»Ja, hau ab.«

Ich ging los und verabschiedete mich noch von meinem Cousin, der am Gartentor stand. »Tja«, meinte er, »ich wusste auch vorher nicht, dass die so reagieren. Auf Geimpfte. Aber da scheint wohl eine Schwelle überschritten zu sein. Mach's gut.«

Auf der nächtlichen Rückfahrt in der Regionalbahn nach Soest gingen mir viele Gedanken durch den Kopf. Irgendwie eine verrückte Truppe, in der mein Cousin hier Halt fand. Fast beneidenswert. Durchaus sympathische Menschen. Eine verschworene Gemeinschaft, die sich nichts sagen lässt und Fragen stellt. Aber am Ende leider doch ein bisschen wie befürchtet. Esoterisch angehauchte Wissenschaftsskeptiker mit einem grundsätzlichen Misstrauen gegenüber dem Staat und einem rabiaten Freiheitsverständnis. Tja.

Kapitel 27

Last Christmas

Apropos Freiheit. *Meine Freiheit endet dort, wo die Freiheit des anderen beginnt.* Das wissen wir alle. Aber gilt das auch zu Hause am Esstisch? Wie war das noch beim Rauchverbot? Meine Freiheit, in einem Restaurant ohne Rauchbelästigung essen zu können, wurde höher bewertet als die Freiheit, in einem Restaurant rauchen zu dürfen. Wie ist es aber mit meiner Freiheit, zu Hause Fleisch zu essen? Auch wenn die anderen sich dadurch belästigt fühlen? Zumindest mögen sie es nicht. Sie mögen es weder anschauen noch riechen noch essen. Es ist kompliziert.

Jedenfalls war es so, dass sich meine Hoffnung auf eine eintägige Pause in der vegetarischen Phase meiner Liebsten am Heiligen Abend nicht erfüllte. Schade. Das letzte Weihnachten war damit das letzte mit, dieses das erste ohne Fleisch auf dem Tisch.

Also durchstöberte ich das Netz nach besonderen Leckereien für den gehobenen Anlass im fleischfreien Bereich. Die Namensgeber der Produkte machen keinen Hehl daraus, wie sie den Humor ihrer Kunden einschätzen. Der Kaufimpuls soll durch einen kleinen Schmunzler wachgekitzelt werden. Im Hühnerfleischersatzregal gibt es – und das ist kein Witz – folgende Artikel: *Chickeriki. Chickimicki.* Und: *Sieht Chick aus.* Sieht Chick aus! Es sieht also aus wie Hühnchen, ist aber keins. Sehr funny. Das ist sowieso das Geheimrezept in diesem Metier. Es soll aussehen wie Fleisch, ohne dass es Fleisch ist. Man könnte es auch mal umdrehen. Dass man fleischige Nahrungsmittel herstellt, die aussehen wie Gemüse. Eine lange Fleischwurst mit grüner Lebensmittelfarbe bestrichen könnte doch eine leckere Alternative zur Gurke darstellen. Einfach mal in die andere Richtung denken.

Außerdem gibt es für Vegetarier *Lass-die-Sau-raus-Würstchen, Beflügel-Nuggets, Hack-selig-Burger*, und *Hick-Hack-Hurra*. Da lässt sich doch was draus machen, dachte ich, und bestellte alles einmal!

Wenn meine Kinder so tun, als wären Vegetarier die besseren Menschen, dann verweise ich gerne auf Adolf Hitler. Der war ja auch Vegetarier. Genau wie seine initiale Entsprechung Attila Hildmann. Dessen Buch *Vegan for fun* stand dieses Weihnachten immer noch im Küchenregal. Und ich mit den Kindern davor.

»Was ist denn jetzt mit diesem sportlichen Koch? Dieser hier. Attila Hildmann. Wolltest du nicht daraus was kochen?«

»Wisst ihr, Kinder, dieser Herr Hildmann ist leider etwas durchgedreht.«

»Heißt das, dass die Sachen nicht mehr lecker sind?«

»Nein, das heißt es nicht. Seine Rezepte schmecken bestimmt immer noch gut.«

»Dann koch doch was davon!«

»Das fällt mir wirklich schwer. Denn … wie soll ich sagen, er ist komplett abgedriftet. Und das Buch wollte Mama längst bei Medimops verkaufen.«

»Nur weil einer abgedriftet ist, wollt ihr sein Buch verkaufen? Kann man das nicht voneinander trennen?«

»Ich weiß nicht«, sagte ich etwas unschlüssig. »Aber passt auf: Ich spiele euch mal vor, was dieser Attila Hildmann als Sprachnachricht bei Telegram gepostet hat.«

»Was ist denn Telegram?«

»Das ist eine Plattform, auf der fast alles erlaubt ist.«

»Bist du da öfter?«

»Ja. Ich meine, nein. Ab und zu. Das ist doch jetzt egal.«

»Okay. Spiel vor.«

»Dann hört zu. Das sagte er dort am 19. Juni: ›Der Holocaust ist eine dreiste Kriegslüge des Juden … Man kann den Holocaust überhaupt nicht leugnen, denn man kann nicht etwas leugnen, was nicht geschehen ist.‹«

»Der spinnt ja.«

»Versteht ihr jetzt, warum ich daraus nichts mehr kochen kann?«

»Ja.«

»Papa, was ist der Holocaust?«

»Hast du denn noch kein Geschichte in der Schule?«

»Häh? Geschichte? Papa. Ich bin in der vierten Klasse.«

»Ach so. Geschichte hat man erst ab … ab wann eigentlich?«

»Boah, typisch Papa. Kann alles, weiß nichts.«

Am Heiligen Abend gab es dann Serviettenknödel mit den verschiedensten Fleischersatzprodukten. Und die schmeckten ja nach Zubereitung erstaunlich lecker!

Kapitel 28

Tortur auf Tour

Die Wochen vor den Osterferien stellten beruflich eine harte Herausforderung dar. Wegen der pandemiebedingten Komplettzerstückelung aller geschmeidigen »Tourrutschen« mit maximal 150 Kilometern Abstand zwischen den Städten folgte zwei Jahre später eine Neuzusammensetzung, die aberwitzige Reiserouten vorsah. Wir fuhren in einer Woche von Baunatal bei Kassel nach Leer in Ostfriesland, dann nach Bamberg in Bayern und wieder hoch nach Bielefeld. Sechzehn Auftritte in zwölf Tagen, dreimal so lange im Tourbus sitzen wie auf der Bühne stehen. Herrlich. So sinnlos war ich zuletzt vor zwanzig Jahren durch die Republik gekreuzt, als ich weder Management noch Kinder hatte und einfach alle Anfragen angenommen habe.

Die Shows dieses Frühjahrs waren allesamt sehr gut verkauft, weil der Vorverkauf bereits vor der Seuche begonnen hatte. Also teilweise vier Jahre vor dem Durchführungstermin. Ganze vier Jahre lang hatten manche Menschen ihre Karten bereits an der Pinwand hängen. Und? Kamen die Menschen alle? Nein. Beim Auftritt in Münster waren trotz 1050 verkaufter Karten nur 650 Menschen in der Halle. 400 Kartenbesitzer haben die von ihnen vor Jahren bezahlte komödiantische Leistung meinerseits nicht abgerufen. Da sagt der Spanier in mir: *Why?*

Die Gründe fürs Wegbleiben sind selbstverständlich so vielfältig wie das Leben selbst. Der bundesweite Wegfall der verpflichtenden Mund-Nase-Bedeckung, welcher in diese Zeit fiel und den wir alle als Befreiung erlebten, der war für manche Leute genau das Gegenteil. In Suhl kamen Menschen mit Maske in die Halle und gingen dann wieder, als sie merkten, dass die Zuschauer dort nicht mehr mit Abstand sitzen müssen. Hunderten potenziellen Virenschleudern abstandslos zu begegnen, das war ihnen dann doch nicht geheuer. So hat die Aufhebung der Maskenpflicht vielleicht genauso viele Menschen angelockt wie abgeschreckt.

Wobei: Ich habe ja gemerkt, dass ich trotz Lockerungen weiterhin die Maske trug. Das Masketragen, das viele als Gängelung und Eingriff in die persönliche Freiheit betrachteten, war für mich eher eine Erleichterung. Ich fühlte mich mit einer Maske viel freier. Unter einer Maske fiel es mir zum Beispiel immer viel leichter, fremde Menschen anzulächeln. Oder ihnen die Zunge rauszustrecken. Ich war unter einer Maske viel ehrlicher. Und viel mehr ich selbst. Und das tat gut. Ich hatte mit einer Maske im Gesicht auch andere Gedanken. Ich habe beispielsweise viel häufiger an Van Gogh gedacht. Oft dachte ich: Was würde Van Gogh jetzt machen? So eine Maske hält doch mit einem Ohr gar nicht.

Aber Spaß beiseite. Natürlich spielte bei der geringen Zahl der anwesenden Zuschauer auch der Krieg eine große Rolle, weil unbeschwertes Lachen bei einem gleichzeitigen Angriffskrieg mitten in Europa für manche einfach nicht zusammenging. Und dann gab es wahrscheinlich viele Menschen, die jetzt, vier Jahre nach dem Kauf der Karte, in einer völlig neuen Lebenssituation waren. Sie hatten einen Umzug hinter sich gebracht, zum Beispiel von Leer nach Bamberg. Und hatten die Karten im Umzugsstress einfach verloren. Sie hatten vielleicht den Partner nicht mehr, mit dem sie das »Konzert« besuchen wollten, und ein anderer ließ sich partout nicht finden. Oder sie hatten jetzt eine Familie. Zwei Kinder. Die Tochter drei Jahre alt. Der Sohn elf Monate. Leon und Lena. Und die Oma der beiden Kinder hat einfach nur vehement mit dem Kopf geschüttelt, als die Eltern sie fragten, ob sie sich von 18.30 bis 23.30 Uhr um die beiden kümmern könnte, weil sie sich einen gewissen Johann König anschauen wollten. Vielleicht aber haben sich die Kartenbesitzer auch ganz bewusst gegen einen Besuch entschieden, weil sie den sonst so lustigen König in der Sendung *Gipfeltreffen* gesehen hatten, in der er ekelerregende Dinge von sich gab. In einer Folge hatte er zu seinen Mitstreitern wortwörtlich Folgendes gesagt: »Habt ihr das früher auch gemacht, Badewanne voll mit Nacktschnecken, dann musste sich einer da reinlegen und fünf Minuten aushalten, ohne eine Erektion zu bekommen?« Die Kartenbesitzer hatten daraufhin ihre Karten zerrissen, weil sie mit dem pubertären Jungshumor dieses Zipfeltreffens nichts anfangen konnten.

Wie auch immer. Die in Fachkreisen No-Show-Quote genannte Schwundzahl war in dieser Zeit so hoch wie nie zuvor. Ich brauchte jetzt nur noch eins: Urlaub. Zumindest vom Beruf.

Kapitel 29

Östern in Osterreich

Der größte Wunsch meiner Frau war es, eine Herberge zu finden, in der wir von morgens bis abends bedient werden. Kein Waschen, kein Kochen, kein Aufräumen. Und so hatte ich bereits vor einem Jahr ein »familienfreundliches Wellnesshotel« gebucht. Für zwei Wochen. Familienfreundlich UND Wellness ist an Widersprüchlichkeit kaum zu überbieten, aber wir redeten uns ein, dass der Aufenthalt im Bio-Bourgeoisie-Ressort samt Bauernhof-Feeling durch die altersgemäße Vernunftzunahme der Kinder doch erholsame Stunden mit sich bringen könnte.

Als ich am Montagvormittag per Mail die Nachricht vom Hotel bekam, dass sie sich sehr über unsere Anreise am kommenden Freitag freuten, durchzuckte mich wieder der Blitz der Falschbuchung. Und tatsächlich, am Freitag und am Samstag hatte ich noch Auftritte! Verschobene, erneut verlegte, zunächst als Option eingetragene und irgendwann festgezurrte Nachholtermine aus längst vergangener Zeit. Wegen der Rückreise am Sonntagmittag könnte ich also frühestens am Sonntagnachmittag, besser aber erst am Montag, noch besser am Dienstag im Hotel anreisen. Ich berichtete meiner Frau von dem Malheur. Vermutlich mit einem komischen Unterton oder fragendem Blick. Keine Ahnung. Auf jeden Fall sagte sie: »Wenn du mich jetzt fragen willst, ob ich schon mal allein vorfahre mit den dreien, die acht Stunden Fahrt, damit du drei Tage später wie auch immer nachkommen kannst, dann frag mich das offen und ehrlich. Aber drucks nicht so rum. Das mag ich nicht. Frag mich einfach, und ich sage dir jetzt schon, die Antwort ist Nein.« So ist sie. Alles durchschauend und immer geradeaus. Herrlich.

»Nein, ich wollte damit überhaupt nicht sagen, dass ich nachkommen möchte.«

»Häh?«

»Ich meine, wir fahren natürlich zusammen. Ich rufe da an und ändere das.« Und das tat ich.

Am Mittwochmorgen fuhren wir schließlich los. Zur Hühnerpflege hatten wir Nachbarn, Freunde und Management eingespannt. Ein gutes Gefühl. Acht Stunden Autofahrt lagen vor uns. Aber nur, wenn der Verkehr genauso bliebe und alle Pausenbedürfnisse im Wagen gestillt würden. Also eher neun.

So eine Fahrt ist mittlerweile längst nicht mehr so stressbeladen wie noch vor einigen Jahren. Entscheidend ist, mit den aktuellen individuellen Befindlichkeiten der MitfahrerInnen bestens vertraut zu sein. Und das waren wir: Die Mittlere kann im Auto nicht lesen, sonst wird ihr schlecht; die Jüngste will im Auto etwas hören, sonst wird ihr langweilig; der Große will im Auto lesen, was aber nur geht, wenn die anderen nicht laut etwas hören oder sich übergeben. Was die Erwachsenen sich wünschen, spielt in diesem Zeitverbringungsmarathon keine Rolle. Natürlich hatten wir vorgesorgt und zwei kabelige sowie vier bluetoothgesteuerte Kopfhörer samt vollgeladener Abspielmöglichkeiten parat gelegt. Wir sind schließlich Profis. Und schon nach kurzer Zeit waren alle sechs Kinderöhrchen von großen Kopfhörer-Muscheln bedeckt.

Doch die Ruhe war trügerisch und währte nur sehr kurz. Denn es stellte sich heraus, dass der Große statt der sanften Geräuschunterdrückung Bibi und Tina hörte, die Mittlere statt Musik meinen pimmeligen Jungspodcast und die Kleine den Anruf vom Management entgegennahm. Da dauerte es dann locker noch einmal fünf Minuten, um alle Funkverbindungen zu trennen und richtig zu koppeln.

Zwei Stunden vor der Ankunft war alles von jedem durchgehört. Die Fragen nach der Ankunftszeit und kleine Sticheleien (den anderen berühren und *Du fängst* sagen. IM AUTO!) häuften sich. Meine Frau meinte, eine einigermaßen harmonische Schlussphase der Reise sei einzig durch das Schauen eines zu Hause heruntergeladenen Films zu gewährleisten. *Spiderman*. Zeichentrick. Einverstanden. Kurzes Anhalten, Aufbau des Tablets auf irgendeiner Kiste, alle Kinder auf die Rückbank, meine Frau auf den Beifahrersitz. Und weiter ging die wilde Fahrt.

Wie ich feststellte, war die Verbindung von drei Kopfhörern mit dem einen Tablet nicht Teil des frauschens Plans gewesen. »Wann hätte ich das denn noch machen sollen?«, fragte sie völlig zu Recht. »Keine Ahnung,« erwiderte ich mürrisch.

Und so wurde die erwartete Erholung durch das Schauen des Films erheblich gestört durch den Ton des Films, der relativ laut sein musste, um die Fahrgeräusche zu übertönen.

Nach sieben Stunden Autofahrt bei 130 Stundenkilometern einen 120 Minuten langen Spiderman-Zeichentrickfilm für Kinder zu hören ist eine einzigartige Grenzerfahrung. Die Filmemacher hatten sich – vermutlich auf Druck der Geräuschemacher – alle Mühe gegeben, zwischen die wenigen Dialoge sehr lange Crash-, Prügel- und Flugszenen zu schneiden.

Ohne die Bilder zu sehen, wurde mein Gehirn automatisch dazu angeregt, sich die Bilder vorzustellen. Ein fröhlicher Synapsentanz setzte ein, und nur dem Profi gelingt es hier, die anschwellenden Aggressionen nicht auf die eigenen Familienmitglieder, sondern auf den Straßenverkehr zu lenken.

In weiser Voraussicht kramte meine Frau in irgendwelchen Taschen herum und überzog dann meine Ohren mit dem großmuscheligen Geräusch-Unterdrückungs-Kopfhörer. Danke! Wirklich beeindruckend, wie die Welt von einer Sekunde auf die andere friedlicher erscheint. Wie in eine Decke gehüllt. Der Puls geht runter. Die Atmung verflacht. Die Gedanken werden wieder frei. Vier Wochen nach Kriegsbeginn verband ich nun den Kopfhörer mit meinem Telefon und hörte das aktuelle Tocotronic-Album *Nie wieder Krieg*.

Versunken in die Musik schaute ich irgendwann nach hinten. Fröhliche Kindergesichter, angestrahlt von blauem Licht. Sie lachten. Vermutlich über Spidermans Gegner, der mal wieder zu blöd war, ihm eins auszuwischen. Dann blickte ich auf den Beifahrersitz. Meine Frau war eingeschlafen. Schlafende Menschen haben immer etwas Rührendes. Weil sie so friedlich scheinen. Und schutzlos. Man kann sie anstarren, ohne dass sie sich belästigt fühlen. Sie sind hier, und doch in einer anderen Welt.

Wahrscheinlich träumte sie gerade. Aber was? Wie sie mit Spinnenkleber den Großglockner überwindet? Ich hörte mein Lieblingslied, »Crash«, und war für einen Moment glücklich. Schaute wieder nach vorn. Das Auto vor mir schien sich plötzlich rückwärts auf mich zuzubewegen. Verdammt. Ich wurde zu einer leichten Vollbremsung genötigt. Das Tablet flog nach vorne, mein Kopfhörer verrutschte, die Kinder schreckten auf, und meine Frau erwachte. Ich rief mit Puls:

»Tschuldigung. Nix passiert. Oder? Alles klar hinten? Alle wieder wach?«

»Was war denn?«

»Ach, der vor mir hat gepennt.«

»Ach so. Wie lange ist denn noch?«

»Ein knappes Stündchen.«

Der erste Eindruck

Wir wurden direkt in die Tiefgarage des feinen Hotels geleitet, und die dort geparkten Autos gaben mir Aufschluss über seine Gäste. Über ihre Herkunft. Über den Betuchungs- und Bekinderungsgrad. Und im Grunde auch ganz allgemein über ihren Charakter. Das ist meine Überzeugung. Ich sehe ein Auto und denke sofort: *Der Typ, der sich dieses Fahrzeug voller Überzeugung gekauft hat, der hat auf jeden Fall … nicht meinen Humor. Das kann gar nicht sein.* Und das hat nichts mit Vorverurteilungen zu tun. Das ist einfach nur Instinkt.

Ich betrachtete die Autos und war sofort abgeschreckt. Aufgeblähte Protzkarossen und hochgepumpte SUVs standen in Reih und Glied und kitzelten eigentlich nur den Impuls, mit dem ausgefahrenen Schlüssel einen Gruß aus der Küche zu hinterlassen. Auf dem schwarz-glänzenden Lack. Dass in diesen Schichten das Auto als Statussymbol noch von Bedeutung ist, bleibt mir ein Rätsel. Wahrscheinlich klingen die Argumente für einen SUV einfach viel zu zweckmäßig und vernünftig und gar nicht nach PS-geschwängerter Aufgeplustertheit. Die größten Vorteile eines geländetauglichen Stadtwagens, die jeder SUV-Verkäufer dem interessierten Kunden unter die Nase schmiert, sind folgende drei: bequemer Einstieg, hohe Sitzposition, gute Sicht. Das klingt doch wirklich klasse. Das klingt nach *Gut für den Rücken, bessere Gefahrenwahrnehmung* und nur ein ganz klein bisschen nach *Auf andere herabschauen*.

Es sind im Grunde exakt die gleichen Argumente wie beim Boxspringbett. Auch ein extrem beliebter Trend in der deutschen Wohlstandsschicht. Boxspringbetten. Hat doch erst mal eine sportliche Note. Man denkt an Boxen und Springen. Und dann ab ins Bett. Boxspringbetten sind aber nichts anderes als riesige, arschteure Kästen. Mit einer Matratze obendrauf. Die sind so groß, diese Betten, da kann man Leichen drin verstecken. Und zwar mitsamt der Gefriertruhe, in der sie liegen. Aber die Vorteile sind einleuchtend: bequemer Einstieg, hohe Sitzposition, gute Sicht. Boxspringbetten sind SUVs ohne Räder.

(In diesem Zusammenhang vielleicht mal eine kurze private Anmerkung: Die Geschichte »Mit dem Porsche zum Biosupermarkt« ist mit Abstand meine erfolgreichste Nummer in Internet. Dabei habe ich nie in meinem Leben einen Porsche besessen.)

Wo ich gerade dabei bin: Menschen mit Boxspringbetten und SUVs, die haben auch Mauern aus eingezäunten Steinen. Mauern aus eingezäunten Steinen! Der Deutsche liebt Käfighaltung, und die ist bei den Steinen angekommen. Man sieht diese Mauern überall. Besonders in schicken Neubausiedlungen. Wo der SUV vorm Haus steht.

Und ich frage mich: Was ist los hier im Land? Was sind das für Symbole? Manchmal glaube ich, dass die Deutschen den Krieg in Europa haben kommen sehen. Die Mauer wie ein Schutzwall. Das Auto wie ein Panzer. Und das Bett wie ein Sarg.

Stimmung!

Schlafschafe

Um es direkt vorwegzusagen: Das österreichische Tal-Hotel war einwandfrei. Aufmerksames Personal. Nette Gäste. Niemand hat mich erkannt oder angesprochen. Und wenn, so what! Wie heißt es so schön: Richtige Privatsphäre hat man nur auf der Privatfähre.

Der erste Anlaufpunkt für die Kinder war das Tiergehege. Ziegen, Schafe und Hühner lebten dort in trauter Eintracht zusammen und konnten den ganzen Tag besucht und gefüttert werden. Yeah. Außer zwischen dreizehn und fünfzehn Uhr. Also jetzt. Buh. Die meisten anderen Kinder waren jünger als unsere. Und schicker! Geschniegelte Glitzermädchen und gescheitelte Jungs mit blauen Hemden kamen uns entgegen. »Guck dir das an. Ich habe mein erstes Hemd mit sechzehn getragen. Der ist doch höchstens sechs«, sagte ich zu meiner Frau. Und sah erst dann, wie der Vater des Business-Buben an uns vorbeispazierte. Könnte er zumindest gewesen sein, seinem blauen Hemd nach zu urteilen.

Wir waren noch keine halbe Stunde im Hotel, da gab es das erste Riesengeschrei.

»Was ist passiert?«

»Das Schaf hat mich gerammt!«, schluchzte die Jüngste.

»Warum das denn?«

»Weiß ich nicht.«

»Hast du es geärgert?«

»Nein. Ich hab es einfach nur angeguckt.«

»Blödes Schaf. Ungezogenes Schaf. Ungezogenes blödes Arschlochschaf.«

»Das tut weh hier.«

»Soll ich es mal rammen?«

»Nein.«

»Geht's wieder?«

»Ja.«

»Wo willst du hin?«

»Ich gehe wieder zu den Tieren.«

So. Erschrecken. Weinen. Und wieder hin. Starkes Mädchen. Aber ich war doch neugierig geworden. Ich schlich zum Gehege. Man konnte auf beiden Seiten des Zauns Stufen umklappen, um drüberzuklettern. Das tat ich und beobachtete die Schafe und die Kinder. Zwei Schafe sah ich. Ein liebes kleines Nettes. Und ein fieses großes Fettes. Das musste es sein. Es stand in der Ecke, scheinbar unbeteiligt, und schmatzte vor sich hin. Plötzlich ging der Kopf leicht nach unten, das Ziel wurde anvisiert und mit Schmackes preschte es vor. Meine Tochter wich aus, wurde aber dennoch hart getroffen. Ich sprang über den Zaun und schrie das Schaf an: »DU, DU, DU! Lass das! Gehst du wohl! Weg mit dir!« Das Tier erschrak, lief zur Seite, ich half meiner Tochter über den Zaun und wollte gerade hinterherklettern, als ich sah, wie das wollige Drecksknäuel auf mich zuraste. Mit Fuß und Knie wehrte ich es ab, sprang über den Zaun und schrie ein paar unvegetarische Flüche hinüber. An der Rezeption beschwerten wir uns über die Angriffe und beka-

men mitgeteilt, dass sich unverzüglich darum gekümmert würde. Gut so.

Zum Abendessen hatten wir immer denselben Tisch. Mit Blick auf das Tiergehege. Cool. Jedes Tier hatte von den Kindern bereits am ersten Tag einen eigenen Namen verpasst bekommen, und die Übermittlung der vielen Namen stieß bei mir erwartungsgemäß auf taube Ohren. Hier rein, da raus. Nur das eine behielt ich. Das blöde Schaf hieß Hanni. Passte irgendwie gar nicht, fand ich. Ich hätte es Dörte genannt. Aber mich fragt ja keiner. Gott sei Dank.

Auch der feine Herr Ober, der uns von nun an täglich bediente, hatte einen feinen Namen. Jozef. Mit Z wie Zorro. Er war ausgesprochen zuvorkommend, charmant und witzig. Mit einem ganz leichten osteuropäischen Akzent. Ich schaute meinen Sohn an: »Wenn das mal kein Pole ist, was? Weißt du noch? Geb Uhr. Haha!«

Jozef servierte feinste Leckereien. Fünf Gänge jeden Abend. Was für eine Verschwendung. Für Hausmannskostliebhaber, wie wir es waren.

»Und für Sie, der Herr, eine offene Kartoffel und das gebratene Foräulenfilet.«

»Fräuleinfilet?«

»Äh, Forellenfilet.«

»Ah.«

»Mein Vater glaubt, dass Sie Pole sind«, grätschte mein Sohn dazwischen.

»Aha.«

»Aber er hat gar nichts gegen Polen.«

»Soso.«

»Er meint nur, die Gruppe der Polen, also wenn sie in Gruppen auftreten, dann müsse man schon aufpassen.«

»Warum das?«

»Na, das wäre wie mit den Löwen, meinte er. In Gruppen sind die ja auch gefährlicher.«

»In Gruppen?«

»Oder wie hast du das noch gemeint, Papa?«

»Was? Ich? Ich meinte, dass die Polen … also die Sprache der Polen … beziehungsweise dass im Gegensatz zu den Tieren, speziell zu den Löwen … also dass die Sprache der Löwen oft besser zu verstehen … beziehungsweise zu deuten ist, als wenn jetzt ein Pole …«

»Ich bin ja Slowake.«

»Ach. Sehr gut. Das ist natürlich … besser. Oder auch nicht besser. Es ist ja egal, wo man herkommt, oder? Hauptsache, man versteht sich. Nastrowje!«

Am späten Abend machte ich ganz allein noch einen kleinen Rundgang. Der Mond schien. Es war frisch. Niemand war draußen. Am Tiergehege hielt ich an. Und überlegte. Dann klappte ich die Stufen um, stieg über den Zaun und fand das schlafende böse Schaf. Friedlich und verträumt sah es aus, alles Verschlagene war von ihm gewichen. »Na, Hanni«, sagte ich leise, »was träumst du gerade? Von Kindern? Von kleinen Mädchen, denen du auflauerst, um sie dann hinterrücks umzurammen? Um ihnen mit deinen Hörnern den Steiß zu prellen? Macht dir das eigentlich Spaß, eine andere Spezies zu attackieren? Oder bricht sich hier nur deine Wut Bahn? Deine Wut auf die Menschen? Auf dein Eingesperrtsein? Auf deine viel zu warme Wolle? Auf das dumme Image, das ihr mit euch rumtragt? Von wegen einfältig und blöde. Das dumme Schaf. Immer brav. Immer grasen. Immer nur *mäh mäh*. Und dann die ganzen Witze. Was machen zwei wütende Schafe? Sie kriegen sich in die Wolle. Haha. Das würde mir auch auf den Sack gehen. Aber ich weiß auch: Aggressivität ist oft nur ein Schrei nach Liebe.«

Ich schwieg, griff vorsichtig in seine weiche warme Wolle und spürte den Herzschlag. »Was für ein Leben wünschst du dir, Hanni? Eines in Freiheit? Kämst du klar, ohne Menschen? Ganz allein. Ohne Mittiere. Oder würdest du dir eine andere Herde suchen? Du magst keine Kinder. Das verstehe ich sogar. Aber die Kinder sind hier, um mal eine Auszeit zu nehmen. Um mal raus aus dem Stress zu kommen. Schule, Sportverein, Klavierunterricht. Du bist hier nicht richtig. Und das ist nicht gut. Für dich nicht gut. Und für die Kinder. Du musst hier raus. Ein anderes Leben ist möglich. Träume nicht dein Leben, lebe deine Träume, Hanni. Ich kann dir helfen. Ich baue dir eine Brücke. Eine Brücke in die Freiheit. Du musst nur drübergehen. Stufe für Stufe. Noch heute Nacht kannst du frei sein.«

Der Morgen danach

»Papa, Mama!«, schrien uns die Kinder ganz aufgeregt an, als wir gegen halb zehn zum Frühstück trotteten.

»Was ist denn?«

»Hanni ist verschwunden!«

»Was? Dieses blöde Schaf, das dich so fies gerammt hat?«

»Ja. Die ist weg.«

»Aber das ist doch wunderbar.«

»Aber wo ist sie?«

»Vielleicht an einem besseren Ort.«

»An einem besseren Ort?«

»Keine Ahnung. Fragt doch mal an der Rezeption nach.«

»Da waren wir schon.«

»Und? Was haben die gesagt?«

»Die haben gesagt, dass sich das Problem ja dann wohl erledigt hätte.«

»Ja, ist doch super.«

»Papa! Ein Schaf verschwindet, und keiner weiß, wo es ist.«

»Wir können ja ein Fahndungsplakat malen.«

»Sehr witzig. Du nimmst das gar nicht ernst.«

»Ja, das stimmt. Verzeiht. Das ist wirklich krass. Mit dem Schaf. Aber vielleicht … keine Ahnung, vielleicht war das gar kein Schaf.«

»Sondern was? Ein Affe?«

»Ein Wolf im Schafspelz. Haha.«

»Papa, manchmal bist du einfach nur doof.«

Hanni ist nie wieder aufgetaucht. Aber ich glaube, es geht ihr gut. Ich bin mir sogar sicher. Absolut sicher.

Die weiteren Tage verliefen ohne besondere Vorkommnisse. Das Beste im Urlaub ist ja, wenn die Kinder Gleichaltrige finden und neue Freundschaften entstehen. Plötzlich sind sie den ganzen Tag unterwegs und scheren sich nicht mehr um die eigene Familie. Herrlich. Aber hier nicht. Kaum Kinder im Alter des Großen. Nicht gut. Dann sah ich doch mal einen Jungen, vielleicht dreizehn Jahre alt, mit den Eltern über das Gelände dackeln. Sofort sprach ich ihn an.

»Hey du.«

»Wer, ich?«

»Ja du. Spielst du Tischtennis?«

»Tischtennis? Ich?«

»Ja, du.«

»Na klar.«

»Was wollen Sie von meinem Sohn?«, mischte sich die Mutter ein.

»Äh, ich habe auch so einen. Also so einen Sohn. Und der sucht Kinder in seinem Alter. Ist aber zu schüchtern, selbst welche anzusprechen. Und hier sind ja kaum Kinder in dem Alter. Und deshalb …«

»Ach so. Na, dann ist gut. Ich dachte schon, Sie wollten was von meinem Sohn.«

»Ja, will ich ja auch.«

»Was?«

»Na, ich will, dass er mit meinem Sohn Tischtennis spielt. Damit ich das nicht immer machen muss.«

»Ach ja. Ja gut. Ja, Jonas, dann gibt dem Mann doch deine … oder frag ihn vielleicht erst mal, auf welchem Zimmer er wohnt.«

Ja, so lief das ab. Ich lauerte den ältesten Jungs auf, um sie mit meinem Sohn zu verkuppeln. Eine heikle Mission. Ich sah vor meinem imaginären Auge schon die Aushänge im Hotel:

Nehmen Sie sich in Acht vor einem älteren grauhaarigen Mann. Er spricht bevorzugt männliche Kinder im Alter zwischen zwölf und vierzehn Jahren an und lockt sie in den Tischtennisraum.

Und daneben das Fahndungsplakat für Hanni.

Schaf entlaufen. Seit Mittwoch vermissen wir unsere Hanni. Sie ist sehr zahm, aber etwas bockig. Zuletzt in ihrem Stall gesehen wurde gegen 23 Uhr ein älterer, grauhaariger Mann. Ähnlichkeiten zum »Tischtennis-Mann« sind nicht ausgeschlossen.

Die Erinnerungen an so einen Urlaub verblassen natürlich von Tag zu Tag. Es gibt irgendwann nur noch einzelne Fetzen. Ich weiß zum Beispiel, dass ich in der Beliebtheitsskala noch einmal deutlich absackte, als Jozef mir das Tintenfisch-Carpaccio servierte. Meine vier vegetarischen Familienmitglieder konnten ihren Ekel nicht verbergen, der am Ende genauso dem Gericht wie auch mir galt.

»Tintenfische haben acht Arme, neun Gehirne und drei Herzen. Sie gehören zu den intelligentesten Tieren der Welt, Papa. Und jetzt, guten Appetit.«

»Danke, ihr seid so nett.«

An einem Tag wollten wir uns dann mal etwas Schönes gönnen. Also meine Frau und ich. Ohne die Kinder. Und ohne den anderen. Wir überflogen die Wellness-Angebote des Hotels. Es gab eine *Exquisit Maniküre*. 50 Minuten für 62 Euro. Dazu der Satz: *Schöne Hände sind die Visitenkarte einer jeden Frau.* Und ich dachte immer, die Visitenkarte ist die Visitenkarte einer jeden Frau. Und die ist doch längst aus der Mode. Interessant.

Das Massageangebot war reichhaltig. Die Massagen hießen *Pantai Luar Kräuterstempelmassage* oder *Lomi Lomi Nui.* Klang beides für mich komplett unseriös. Eine sprach mich aber dann doch an. Sie nannte sich *Auszeit für Vater und Sohn*. Es war eine *Entspannende Rückenmassage mit Murmeltieröl*. 25 Minuten für 90 Euro. Warum nicht? Mein Sohn würde begeistert sein. Dass man uns dafür extra ein Murmeltier ausgepresst hatte.

»Sohn!«

»Ja?«

»Bock auf eine Murmeltiermaschase?«

»Auf was?«

»Eine Maschase. Verdammt. Eine MASSAGE. Eine Vater-Sohn-Massage. Mit Murmeltierextrakten.«

»Häh?«

»Guck hier. Auszeit für Vater und Sohn. Rückenmassage mit Murmeltieröl.«

»Werden dafür Murmeltiere getötet?«

»Kann ich mir nicht vorstellen.«

»Das gucke ich mal kurz nach.«

»Okay ... Und?«

»Hier stehts: ›Murmeltieröl wird aus Murmeltierfett hergestellt. Dieses Fett wird unter Hitze bearbeitet und bleibt bis zu einer gewissen Temperatur in einer öligen Konsistenz. Um das Öl zu gewinnen, werden die Tiere meist im Herbst gejagt und getötet, weil sie dann besonders fetthaltig sind.‹«

»Du kannst einem aber auch jeden Spaß versauen.«

»Ich? Ich informiere mich einfach nur. Aber dir ist ja alles egal. Du würdest dich doch auch von einem versklavten Oktopus massieren lassen.«

»Aber nicht mit Murmeltieröl.«

»Wo ist Mama eigentlich?«

»Die lässt sich neue Visitenkarten machen.«

»Wofür das?«

»Die lässt sich die Hände neu machen, weil das die Visitenkarte einer jeden Frau ist.«

»Ich geh jetzt schwimmen.«

»Ich komme mit.«

»Och nö.«

»Doch, mein Sohn. Hier kann jeder machen, was er will.«

Vor dem Schwimmbad stand eine sechzig Grad heiße Textil-Sauna, die es den Eltern ermöglichte, zu saunieren und gleichzeitig ihre planschende Brut im Auge zu behalten. Bei unseren Kindern ist das nicht mehr nötig, trotzdem ging ich da mal rein. Und traute meinen Augen nicht. Dort saß ein vielleicht vierzehnjähriger Junge und daddelte auf dem Handy. In der Sauna! Gut, es sind nur sechzig Grad, aber geht das Ding nicht kaputt? Gibt es mittlerweile so robuste Telefone, die sechzig Grad locker verkraften? Den Jungen habe ich schon öfter gesehen hier. Immer mit dem Ding vor der Nase. Ununterbrochen am Zocken. Schon zweimal wollte ich ihn ansprechen. Aber er ist mir immer entwischt. Vielleicht versuchte ich es jetzt?

»Sag mal, spielst du Tischtennis?«

»Nein, Minecraft.«

»Nee, ich meine, ob du generell Tischtennis spielst? Also ob du Tischtennisspieler bist? Ob du gerne mal … ein bisschen … an der Platte …?«

Es gibt Gespräche, die man gar nicht erst beginnen sollte. Dieses hier gehörte definitiv dazu.

Die zehn Tage gingen langsam zur Neige. Am vorletzten Abend lernten wir noch eine extrem sympathische Familie aus Ulm kennen. Und am Ende zerplatzte bei mir das Vorurteil vom Beginn des Urlaubs. Denn ich erkannte bei ihnen: Auch angenehme Menschen können abschreckende Autos besitzen.

Kapitel 30

Begegnungen in Köln, normale ...

Apropos abschreckend. Zurück in Köln stellten wir sofort wieder fest: Köln ist schön. Köln ist wunderschön. Köln ist wunderwunderschön. Das muss man sich einfach nur immer wieder sagen. Aber es gibt in Köln auch abschreckende Dinge, zum Beispiel Begegnungen mit Kölnern. Denn *Kölner lassen keinen allein*. Genau so lautete vor einigen Jahren das Motto einer großen Kampagne für Zivilcourage. Und die Kölner setzten es um. Beim Bäcker, vorm Bankautomaten, in der U-Bahn: Der Kölner lässt dich nicht allein. Er kommt von hinten angeschlichen und labert dir eine Frikadelle ans Ohr. Herrlich. Und später verkauft er es seiner Frau als Zivilcourage.

»Isch habe heute den Herrn Könisch jetroffen.«

»Ach. Den Karabettisten?«

»Ja. Der stand janz alleine an der Haltestelle.«

»Och.«

»Zumindest habe isch keinen jesehen, der zu ihm jehörte.«

»Der Arme.«

»Ja, oder? Steht sonst vor tausend Leuten up dr Bühne. Wird bejubelt. Und dann steht der da janz allein erüm und redet mit sisch selbst.«

»O je.«

»Wenn isch sowatt sehe, dann greif isch ein. Su jet kann isch nit ertragen. Mir Kölner losse keine allein. Isch bin zu ihm hin, isch wusste ja us seinen Jeschischten, dat die auch einen Hund haben, und dann habe isch ihm verzählt, dat wir auch einen Hund haben, und dat von den Nierensteinen, und von der OP, und dat es ihm langsam wieder besser jeht, und dat wir all nicht jünger werden.«

»Ja, und?«

»Und man merkte sofort, wie es ihm besser jing. Der fing an zu strahlen und sachte dann, dass er sich freut und in zwanzig Minuten zu Hause ist.«

»Häh?«

»Und dann hannisch jesehen, dat der auf der anderen Seite einen Kopfhörer im Ohr hatte.«

»So wat.«

»Na ja. Aber ist ein sehr sympathischer Mensch, dieser Könisch.«

Ja, so ist das hier. Geselligkeit beginnt ab zwei Personen. Einmal wurde ich vor der Metzgerei Stock auf der Neusser Straße in Nippes angesprochen. Von einem vielleicht fünfundfünfzig Jahre alten Zwirbelschnauzträger. Er sah mich, guckte weg, guckte wieder hin und sagte dann:

»Ach, Herr Könisch. Isch hätte Sie jetzt fast jar nisch erkannt! Sagen Se, im Fernsehen sin Se aber jeschminkt, oder?«

»Na klar.«

»Ja, dat dachte isch mir. Weil so … äh, is et schwierisch. Sie zu erkennen. Na ja, schönen Tach noch, Herr Könisch.«

… und unnormale

Diese Aufeinandertreffen sind sympathisch und harmlos. Ganz im Gegensatz zu der Begegnung, die ich nach den Osterferien in meinem Viertel machte. Und zwar in »meinem« Biosupermarkt, in dem ich seit über zehn Jahren wöchentlich einkaufe. Ich stand an der Brottheke in einer Schlange und bemerkte, wie ein Typ, der mit seiner kleinen Tochter im Laden war, mich anstarrte. Das kommt schon mal vor. Dann kam er zu mir sagte:

»Na, Systemkomiker. Systemkomiker. Lustig, oder? Alles lustig?«

Er war groß und breitschultrig und hatte einen ziemlich aggressiven Tonfall am Leib. Anschließend ging er zurück zu seiner Tochter und flötete mit lieblicher Stimme:

»Jetzt brauchen wir noch Müsli. Das steht da vorne um die Ecke. Geh doch schon mal vor. Ich komme gleich.«

Sofort lief er wieder die vielleicht fünf Meter zu mir und fauchte weiter: »Du bist so ein billiger Systemkomiker. Findste alles lustig, ne? Du bist so billig.«

»Papa.«

»Ich komme. Hast du das Müsli gefunden. Nein? Ich helf dir mal suchen. Guck mal, hier. Und jetzt noch …«

»Kekse!«

»Kekse. Genau. Such schon mal. Alleine. Ich komme gleich.«

Und wieder besuchte er mich in der Schlange. Dabei wurde er von Mal zu Mal aggressiver und lauter. Wie besessen stand er vor mir, wippte mit den Fersen auf und ab und zeterte mich an.

»Du Systemkomiker. Du blöder Systemkomiker. Was willst du? Häh! WAS WILLST DU?«

»Papa. PAPA!«

»Ich komme.«

Das ganze Schauspiel dauerte maximal zwei Minuten. Aber das reichte aus, um mich ordentlich zu verstören. Denn dieser Typ war eigentlich wie ich. Ein Bio-Deutscher. Nur schätzungsweise fünfzehn Jahre jünger. Aber ansonsten: einer aus meiner Blase. Wenn man das so blöd sagen will. Was mich am meisten erschreckte: Er hatte keine Hemmungen. Keine Hemmungen davor, in Anwesenheit seiner vielleicht fünfjährigen Tochter in einem voll besetzten Supermarkt jemanden anzupöbeln, der einfach nur in einer Schlange stand. Er sah nicht abgewrackt aus, war nicht betrunken oder sonst irgendwie äußerlich auffällig. Die einzige Hemmung, die er hatte, war die Hemmung davor, mir in die Fresse zu schlagen. Aber seinem Auftreten nach zu urteilen hätte das spätabends im Dunkeln ganz anders ausgesehen. Ich hatte ihn während seiner Tiraden einfach nur angeguckt. Völlig fassungs- und sprachlos. Hatte kein Wort gesagt. Auch irgendwie krank.

Vielleicht zehn Minuten später lief er mit seiner Tochter am Biomarkt vorbei, als ich gerade meine Einkäufe bezahlte. Und da rief er laut und deutlich durch die geöffnete Eingangstür:

»Öffentlich gegen Ungeimpfte hetzen. WIR KRIEGEN DICH!«

Auch in diesem Moment reagierte ich nicht. Wie bei Hasskommentaren im Netz setzte ich instinktiv auf meine härteste Waffe: die Ignoranz. Ich spielte es natürlich kurz im Kopf durch. Wenn ich ihm jetzt hinterherlaufe, ihn zur Rede stelle, ihn frage, warum er mich bedroht, was er gegen mich hat, ob er Bezug nimmt auf meine Nummer im

MDR ... es würde alles nur noch schlimmer machen. Wir würden uns streiten. Öffentlich. Vor dem Biosupermarkt. Vor meinem Biosupermarkt. In den ich gehe, seit ich hier wohne, und in dem ich mich bisher immer sehr wohlgefühlt hatte.

Das Beste wäre, die Sache und den Typen einfach wieder zu vergessen. Aber das gelang mir nicht. Die Worte »Wir kriegen dich« klangen noch lange nach. Ich fragte mich: Wer sind *wir?* Gehört er einer Gruppe an? Einer radikalen Querdenker-Truppe? Und was machen sie mit mir, wenn sie mich gekriegt haben? Was macht er, wenn er mir im Dunkeln begegnet? Sollte ich Pfefferspray einpacken? Oder lieber ein paar aufgezogene Impfspritzen? Mit denen ich ihm dann drohe. *Lustig? Findste lustig, oder?*

Es ging mir ein paar Wochen lang nicht so gut. Vor allem deshalb, weil ich bei jedem Einkaufen jeden altersähnlichen Mann auf sein Gesicht abscannte. Und immer wieder spielte ich die Situation einer erneuten Konfrontation durch. Wie verhielt ich mich am klügsten? Sollte ich alles mit dem Telefon filmen? War »Wir kriegen dich« eigentlich eine Drohung, die strafrechtlich relevant ist? Die häufigste Frage, die ich mir stellte, war: Was hatte ihn bloß so getriggert, dass er alles um sich herum vergaß? Was war so schlimm an meinem öffentlichen Spott, dass dieser Hass in ihm aufkam? Und was dachte seine Tochter über ihn?

Wo genau die unglaublichen Aggressionen herkommen, habe ich mich ja auch oft beim Betrachten von Reportagen über Querdenker-Demos gefragt. In denen zu sehen ist, wie die Reporter nach kurzer Zeit heftigst angeschrien werden. Meine Antwort darauf: Wenn jemand im Innern seines Herzens zu wissen glaubt, dass er vom Staat oder von wem auch immer bewusst belogen wird, dann entsteht daraus – verständlicherweise – eine riesige Wut. Und wenn sich dann einer wie ich, der nicht rafft, dass er belogen wird, darüber lustig macht, dass die andern glauben, dass sie belogen werden, dann öffnet das die emotionalen Überdruckventile und der Hass bricht sich Bahn. Und gleichzeitig wurde in diesem Fall eine Meinung, die vorzugsweise digital verbreitet wird, nämlich »Systemkomiker«, plötzlich real. Ein Hasskommentar wurde Wirklichkeit.

Sicherlich ist diese Angelegenheit noch ziemlich harmlos gegenüber Dingen, die andere »Systemkomiker« oder »Systempolitiker« erleben. Wie ich bei einer dauerhaften Bedrohungslage normal weiterarbeiten könnte, weiß ich nicht. Und sicherlich war es beruhigend, dass Leute aus meinem Viertel, denen ich die Geschichte erzählt hatte, den Typen erkannten. Nur von der Erzählung her! Er war bereits des Öfteren unangenehm aufgefallen und hatte sich beispielsweise bei »meiner« Gemüsefrau den Status einer unerwünschten Person erworben. Dennoch wird mir diese Geschichte immer im Gedächtnis bleiben. Als Symptom einer Zeit, in der sich die Fronten übelst verhärteten.

Kapitel 31

Poulets et vin et bonne humeur

Apropos Verhärten. Wenn Hühnerkacke lange in der Sonne liegt, dann verhärtet sie sich. Und man kann sie anschließend besser aufsammeln. Das ist wie bei Reis. Nach dem Mittagessen übrig gebliebene Reisreste immer einen Tag liegen lassen und dann bequem vom Tisch kratzen.

Nun war es wieder so weit. Die fragwürdigste Zeit des Jahres stand an. Der Endgegner aller Eltern. Die Sommerferien! Meine Idee, unsere Hühner während der Schulferien für teures Geld an irgendwelche unbedarften Stadtkinder zu vermieten, hatte ja leider nie auch nur den Hauch einer Chance bekommen. Und so mussten wir die Viecher wieder mit nach Frankreich schleppen. Die abendlichen elterlichen Logistik-Besprechungen für diese gut zu planende Fünf-Wochen-Unternehmung hatten ergeben, dass in diesem Jahr ein ganz neues Konzept zum Einsatz kommen sollte. Das Einer-fährt-vor-und-der-andere-kommt-nach-Konzept. Ich würde mit den Hühnern und dem großen Rasenmäher im Tourbus ein paar Tage im Voraus fahren, um allein und konzentriert die Arbeiten des Gärtners, des Hausmeisters und des Stallburschen zu erledigen. Zumindest musste noch ordentlich gemäht und repariert und den Hühnern ein altersentsprechender Stall gezimmert werden. Der aus dem letzten Jahr war jetzt vermutlich zu klein.

Meine Frau würde dann einige Tage später mit den Kindern und leichtem Gepäck gut gelaunt hinterherkommen und eine exzellent präparierte Unterkunft vorfinden. So war der Plan.

Vollgestopft mit Gartengeräten, Holzbrettern, Werkzeugen, Lebensmitteln und den Hühnern fuhr ich am Nachmittag los, erreichte in der Abenddämmerung das vertraute Ziel, verließ erleichtert das stinkende Auto und ging mit dem *Flashlight* vom Telefon ins Haus. Dann der routinierte Ablauf: Haupthahn fürs Wasser aufdrehen. Strom anschalten. Licht anknipsen. Aber was war das? Komisch. Das Licht ging nicht. Ich versuchte eine andere Lampe. Ging auch nicht. Keine Lampe ging. Wasserboiler. Herd. Toaster. Alles tot. Ach du heilige Scheiße. Das Haus hatte keinen Strom! Urlaub ohne Strom? Geht das überhaupt?

Ich lief zur Garage. Im Garagentor ist ein Schlitz, der als Briefkasten gilt. Dahinter hängt ein Plastikeimer, in welchem die Briefe landen. Der Eimer war voll. Wie immer. Voll mit von Schnecken und Mäusen angenagten oder gänzlich unkenntlich gemachten Schreiben. Werbung vom

Supermarkt. Hinweise zum örtlichen Flohmarkt. Visitenkarten vom Immobilienmakler. Und vier Schreiben vom Stromanbieter! Wie ich den Schreiben entnahm, hatte der seit Oktober letzten Jahres immer wieder schriftlich darauf hingewiesen, dass wir dringend einen neuen Stromzähler benötigen, wenn wir weiterhin seinen Strom benötigen. Geschickt hat er die Hinweise natürlich an unsere französische Adresse. Also dahin, wo wir nicht ganz so oft wohnen. Oh sainte merde.

Ich überlegte: Der Rasenmäher läuft mit Benzin. Sehr gut. Die Heckensäge braucht Strom. Nicht gut. Den Hühnerstall kriege ich mit dem Akkuschrauber gebaut. Sehr gut. Heißes Wasser, Rechner, Telefon, Herd, Kochen, Duschen …

»Strom, wer braucht schon Strom. Das schaffen wir auch so, oder?«, sagte ich zu den Hühnern, während ich sie vorsichtig ins schnell aufgebaute Gehege warf. »Wir haben doch uns. Ich gebe euch Futter. Ihr gebt mir Eier. Und die brate ich mir einfach auf dem heißen Ofen. Habt ihr irgendwo Brennholz gesehen, ihr Kacker?«, rief ich laut, als ich bemerkte, dass mich der belgische Nachbar beobachtete, der auf seiner Terrasse rauchte. Augenblicklich hörte ich auf zu sprechen und pfiff stattdessen die Melodie von »Ich wollt, ich wär ein Huhn«.

Komischer Typ. Eigentlich sind die im Juni noch gar nicht da.

Der nächste Morgen war ziemlich ekelhaft. Ich hatte die Hühner im Bad eingesperrt, weil ich ja noch keinen Stall hatte und sie nicht ungeschützt auf der Wiese schlafen sollten. Das Bad sah aus wie ein gefliester Schweinestall. Auch der Stuhl, den ich extra auf die Seite gelegt hatte, damit die Stuhlbeine als Sitzstangen genutzt werden konnten, war niemandem mehr zuzumuten. Ich warf die Hühner samt Stuhl vorsichtig ins Gehege zurück und säuberte erst das Bad und dann mich. Mit kaltem Wasser. Cool.

Jetzt hatte ich mir ein feines Frühstück verdient. Der Aufenthalt im »Frühstücksraum«, also in der Küche, war geprägt von optimistischem Trotzgehabe und Selbstgesprächen. »Ich brauch keinen Kaffee.« – »Ich brauche kein getoastetes Brot.« – »Ich brauche keinen Kühlschrank.«

Schon der erste Satz war eine glatte Lüge. Und so dauerte es schließlich locker eine Stunde, bis der Ofen so heiß war, dass er das Wasser im Topf auf eine kaffeetaugliche Temperatur gebracht hatte. Fünf Scheite Buchenholz für eine Tasse Koffein. Wenn ich so weitermachte, würde ich hier bald einen ganzen Baum zu Asche machen. Schwitzend ging ich mit der Tasse in den Garten, wo der Nachbar fragend zum Schornstein schaute. »Oui. Oui«, stammelte ich, »Cést pourquoi … äh, pourquoi nous avons pas … nous n'avons pas d'électricité.« Was für ein Idiot. Als dürfte man im Hochsommer nicht heizen. Dann zeigte er mit dem Zeigefinger ins Haus. Dort verbrannte gerade der Toast, den ich auch auf den rostigen Ofen gelegt hatte. »Oh! Oh merde. Mon Toast. Merci, merci.«

Mein französisches Frühstück endete damit, dass ich einen ungetoasteten Toast abwechselnd in die Marmelade und in die von der Ofenhitze geschmolzene Butter tunkte.

Die Energie des Mobiltelefons und meine eigene verwendete ich anschließend darauf, einen einwandfrei französisch sprechenden Freund zu kontaktieren. Ihm ein Foto vom Schreiben des Stromanbieters zu schicken und ihn zu bitten, gerne noch heute den Termin zum Wechsel des Stromzählers zu vereinbaren, um den wir bereits vor acht Monaten gebeten worden waren. Das klappte ausgesprochen problemlos, ein Termin in fünf Tagen war gebongt, und meiner Frau, die sich per Kurznachricht nach meinem Befinden erkundigte, schrieb ich mit dem letzten Prozent die stromsparende Mitteilung: »Läuft.« Warum sollte ich sie unnötig beunruhigen.

Und dann war es so weit. Das Telefon war aus. Ein interessanter Moment. Wann hatte ich das zuletzt gehabt? Tage ohne Telefon lagen vor mir. Und das freute mich irgendwie. Denn endlich war Ruhe. Ruhe vor diesem nervigen Gerät. Vor dieser nervigen Erreichbarkeit. Endlich kein Hin-und-Her-Geschreibsel mehr über Dinge, die mit einem kurzen Telefonat schneller und ohne Missverständnisse über die Bühne gegangen wären. Endlich keine Sinnlosigkeiten mehr anschauen. Keine lustigen Videos, Eilmeldungen, Petitionen mehr mitkriegen. Kein ständiges Schielen auf die Wetter-App, die Nachrichtenseiten und die Börsenkurse. Kein dauerndes Fotografieren von Momenten, die man teilen möchte. Die aber durch das Fotografieren an Wert verlieren. Weil man denkt, dass man den Moment *eingefangen* hat. Und nicht merkt, dass man ihn damit seiner Freiheit beraubt. Nur freie Momente sind wahre Momente. Ich würde durch den Stromverlust endlich im wahren Moment ankommen. Im Hier und Jetzt. In meiner Mitte. Achtsam. Bewusst. Und liebevoll. Zu mir. Und zu den Hühnern. Und los ging es.

Um den Nachbarn nicht weiter zu verstören, entschloss ich mich dazu, nicht das Gras dezibelstark mit dem Benzinmäher zu stutzen, sondern die Hecke schnippisch mit der langen Heckenschere. Ja, so war ich. Empathisch und harmoniebedürftig. Ich krabbelte also wie jedes Jahr durch den vollgerümpelten Schuppen, kam mit dem martialisch anmutenden Gerät wieder raus und ließ die Scherenblätter ein paar Mal kräftig in der Luft zuschnappen. Die Hühner im Gehege guckten etwas nervös. Völlig zu Unrecht. Wer aber in diesem Moment auch um die Ecke guckte, war diesmal nicht der Nachbar, sondern seine Frau. Ihr Gesichtsausdruck verriet, dass sie das anstehende Massaker auf keinen Fall mitansehen mochte. Mehr noch. Er verriet außerdem, dass sie mir in keiner Weise zutraute, die Zerlegung des Federviehs fachgerecht durchzuführen, und dass sie alle polizeilichen und veterinärbehördlichen Schritte einleiten würde, um die illegale Schlachterei noch vor dem Wochenende zu schließen.

»Oh«, sagte ich in feinstem Französisch. »Oh, no. C'est ne pas, que vous pensez, les poulets, je ne pas mangare, mange …« Aber da hatte sie schon die Terrassentür geschlossen und die Vorhänge zugezogen. Spießer.

Mir doch egal. Ich ölte die Schere und legte los. Die Hecke wurde bis auf Hüfthöhe verkürzt. Dann holte ich die Sense, schliff sie scharf und senste das hohe Gras. Gleichmäßig, schwungvoll, geräuscharm. Dabei sagte ich mantraartig: »Ich sense das Gras – aus Spaß. Ein Laubfrosch verweilt – zerteilt. Das war dann für ihn im Ergebnis – ein einschneidendes Erlebnis.« Die Nachbarn würden Augen machen, wenn sie ihre Vorhänge wieder öffneten. Sie würden denken: *Wahnsinn. Da hat sich der deutsche Monsieur aber kräftig ins Zeug gelegt. Und so leise. Toll!* Schon bald würden wir zusammen Wein trinken und Brassen essen. Ich freute mich darauf. Denn bei mir gab es erst einmal nur Wasser und Dosenfisch.

Das Besondere an diesen Tagen war: Ich war zum ersten Mal so lange allein mit den Hühnern. Ich war allein für sie zuständig. Bisher hatte ich mich ja bei der Versorgung und beim Stallsaubermachen wie vereinbart zurückgehalten. Das war jetzt nicht mehr möglich. Ich trug die volle Verantwortung. Der Verlust auch nur eines Tieres, durch sagen wir mal einen Unfall, einen Fressfeind oder die Nachbarn herbeigeführt, solch ein Verlust würde mir ein Leben lang angelastet werden. Aber diese Verantwortung war keine Belastung. Ich empfand die Hühner ausschließlich als Bereicherung. Ich sprach mit ihnen, beobachtete sie ausgiebig und lernte sie zu unterscheiden. Ihre Charaktere, ihre Art zu laufen, ihre Laute. Zum ersten Mal fiel mir auf, dass sich beim Gehen die drei Vorderzehen der Hühner, sobald sie den Boden verlassen, aufeinander zubewegen. Sie laufen zusammen, gemeinsam mit dem Hinterzeh, wie eine sich schließende Blüte, bis die Krallen alle nach hinten zeigen. Und erst kurz vorm nächsten Bodenkontakt werden alle Zehen wieder ordentlich gespreizt. Wenn man das einmal entdeckt hat, muss man es immer wieder anschauen. Es sieht wirklich elegant aus. Wie eine feine Dame, die ein bisschen etepetete das Füßchen hebt, damit es nicht schmutzig wird.

Auch wurde mir so richtig bewusst, wie sehr Hühner Tiere des Lichts sind. Ab einem bestimmten Dämmerungsgrad suchen sie den Stall auf. Wie von einer inneren Uhr gesteuert. Und im Dunkeln sind sie dann fast völlig blind. Sobald es hell wird, kräht der Hahn. Gut, dass wir keinen haben.

Am zweiten Tag war der Stall endlich fertig. Jetzt gehörte das Bad wieder mir allein! Leider hatte der Stall keine Klappe mit Lichtsensor, so wie bei den anderen beiden Ställen. Da öffnet sich die Klappe bei den ersten Sonnenstrahlen von selbst. Hier aber nicht. Hier muss das der zuständige Mensch erledigen. Also ich.

Als ich gegen zehn Uhr in der Früh erwachte, ahnte ich schon, was ich vergessen hatte. Dann hörte ich durch das offene Schlafzimmerfenster ziemlich eindeutige Unmutsbekundungen. Geraschel, Getrampel, Gegacker, Gepocke, Gepicke, Gezicke und Gemecker drangen eindringlich zu mir hoch. Verdammte Axt.

Ich lief im Schlafanzug zum Stall, öffnete die Klappe und erntete von der erlösten Schar vorwurfsvollste Blicke. Sie sagten mir: »Alter, bist du besoffen, oder was? Um sechs

Uhr ist hier Sonnenaufgang. Verstehst du? Sechs Uhr. Seit sechs Uhr, also seit sage und schreibe vier Stunden, sind wir wach, wollen raus und frühstücken, sind hier aber eingesperrt wie eine Bande Schwerverbrecher. Bist du noch ganz bei Sinnen, uns hier in der brütenden Hitze in diesem schlecht belüfteten Stall ohne Wasser und Brot gefangen zu halten? Das gibt 'ne saftige Anzeige beim Tierschutz, darauf kannst du einen lassen. Und jetzt verpiss dich, ich hab Eierdruck.«

Am dritten Tag hatte ich mir dann tatsächlich einen Wecker auf sechs Uhr gestellt, den Stall geöffnet, ein respektvolles »Geht doch, Alter!« zu hören bekommen und anschließend bis elf Uhr weitergeschlafen.

Am Nachmittag, nach Beendigung der Gartenarbeiten, legte ich mich auf eine Decke ins Hühnergehege und wartete ab. Das, was ich bei den Kindern und meiner Frau immer wieder beobachtet hatte, geschah jetzt auch bei mir. Die Tiere kamen von sich aus auf mich zu. Und sie kommunizierten mit mir. Sagten: »Hallo, schön, dass du da bist. Danke fürs Stall-Aufmachen heute Morgen. Der müsste jetzt aber echt mal gereinigt werden. Sieht aus wie dein Badezimmer vorgestern.« Sie kletterten auf meinen Schoß. Und wollten kuscheln. Steckten ihren Kopf in meine Achselhöhle. Schliefen dort ein. Dabei hatte ich seit drei Tagen nicht ordentlich geduscht. Weil es ja erwiesenermaßen mit kaltem Wasser auch völlig wirkungslos ist. Aber das störte sie nicht. Oder lockte sie sogar an. Das Gefühl, mit diesen warmen puscheligen Tieren ein paar Stunden da im Gras zu verbringen, war unbeschreiblich schön.

Ich beobachtete in diesen Stunden das, was ich theoretisch schon wusste: Hühner sind wie wir. Soziale gesellige intelligente Wesen. Sie warnen die anderen bei Gefahr. Sie rufen, wenn sich ein Tier zu weit entfernt hat. Und sie merken sofort, wenn ein anderes Tier der Herde Hilfe benötigt: Hedwig steckte ein Grashalm im Hals fest. Und was machte Prilan? Sie erkannte das Problem und zog den Halm mit ihrem Schnabel wieder heraus! Mir lief eine Zecke über den Oberschenkel. Und was machte Agathe? Sie pickte die Zecke einfach auf. Als wäre es das Selbstverständlichste auf der Welt. Das Huhn als Parasitenjäger. Hund und Katze waren da längst nicht so geschickt. Wie oft haben wir erbsengroße Zecken aus deren Fell gezogen, uns total geekelt und anschließend damit Tipp-Kick gespielt. Wie viel Borreliosen wohl allein durch Hühner verhindert werden?

Ich fragte mich auch: Was würde wohl passieren, wenn ich – sagen wir mal – ein ganzes Jahr lang so mit den Hühnern zusammenleben würde? Würde ich auch anfangen mit den komischen Kopfbewegungen? Würde ich ähnliche Geräusche machen? Und überall hinkacken? Wie würde ich in die Gruppe integriert? Es gab ja schon eine gewisse Hierarchie in der Herde. Aber nur eine kleine. Eine flache. Hedwig pickte Agathe. Prilan pickte Agathe. Und Otti pickte Hedwig, Prilan, Hilda und Agathe. »Mein« Huhn war Agathe. Das von meiner Frau war Otti. Sehr interessant.

Wobei Otti sich seit zwei Tagen wirklich sehr eigenartig benahm. Sie, die eigentlich ständig allen hinterherlief, um sie in die Bürzeldrüse zu picken und zu sagen: »Du fängst!«, die war jetzt relativ unbeweglich. Sie saß meistens an einer Stelle und plusterte sich theatralisch auf. Für mich sah sie irgendwie auch übergewichtig aus. Und wenn ich oder eine andere Henne ihr zu nahekam, dann kauerte sie sich ganz eng zusammen, um dann blitzartig wie eine Muräne hervorzuschießen und den anderen zu verjagen. Keine Ahnung, was das sollte.

Jedenfalls dachte ich bei der Analyse dieses sensiblen Herdengebildes darüber nach, welchen Platz ich in ihrer Hackordnung einnehmen würde. Und bereits einnahm. Jetzt sprang Agathe auf meinen Schoß. Setzte sich hin und schaute mich an. Was für ein hübsches Tier. So ganz aus der Nähe. Sie schaute mir interessiert ins Gesicht. Erst mit dem einen, dann mit dem anderen Auge. Es war intensiv. Vertrauen und Verständnis waren zwischen uns. Dieses Tier, das von den Dinosauriern abstammt, es saß ganz vertraut bei mir. Meine Agathe. Die wie ein T-Rex auf den Vorderbeinen rennt, Eier legt und alles frisst, was ihr in die Quere kommt. Immer wieder drehte sie ihren Kopf und fixierte mit dem mir zugewandten Auge meine Augen. Die Augen sind das Fenster der Seele. Mir war, als schaute ich direkt in ihre hinein. Und dann plötzlich, ohne Vorwarnung, pickte sie blitzschnell nach meinem linken Auge. Ich konnte gerade noch so den Kopf rumreißen, und sie erwischte mich knapp unter dem linken Lid. Es blutete. »Spinnst du? Blöde Ziege! Was soll denn das? Ist das der Dank für die ganze Scheiße hier? Ehrlich. Ich glaub, es hackt«, schrie ich sie an und warf sie vom Schoss runter.

Der Nachbar guckte durchs Fenster, ich überlegte eine Erklärung auf Französisch und beschloss dann, jetzt endlich mal ordentlich und eindrucksvoll den Stall sauber zu machen.

Das hatte ich bisher noch nie getan. Ob ich es schaffen würde? Wie ging das noch gleich? Ich lief ins Haus und holte die Box mit den Einweghandschuhen. »Das geht am einfachsten«, hatte meine Frau erklärt, »wenn du nicht mit der Scheiße in Berührung kommen willst.« Wollte ich nicht. Also machte ich es so. Wie ein Arzt vor der großen Operation überzog ich meine Hände theatralisch und umständlich mit dem dünnen Latex und wollte zurück zum Hühnergehege. Und genau in diesem Moment traten die Nachbarn auf ihre Terrasse. Sie schienen ein untrügliches Gespür für schlechtes Timing zu haben. Banausen. *Was denken die jetzt?*, dachte ich. Was würde ich denken, wenn ich sehe, wie mein ungewaschener Nachbar stundenlang mit Hühnern im Gras liegt, mit ihnen schmust, sich von ihnen die Zecken wegpicken lässt, sich dann Latexhandschuhe überzieht und lächelnd zu ihnen zurückgeht?

Mir doch egal, dachte ich, und sammelte die verdreckten alten vollgesogenen Zeitungsblätter aus dem Stall.

Statt alter Zeitung könnte ich jetzt auch frisches Gras nehmen. Na, klar. Gute Idee! Ich schnappte mir die Sense und zog sie gekonnt und geräuscharm durch die letzte ungemähte Fläche. Aber was war das? Verdammt. Nein! Ein Huhn, ich glaube Prilan stand vor mir im Gras. »Wo kommst du denn her? Bist du wahnsinnig? Um ein Haar hätte ich dich umgesenst«, rief ich erschrocken. Das war wirklich knapp. Ich packte mir das lebensmüde Vieh, warf es vorsichtig ins Gehege und suchte nach einer Lücke im Zaun. Aber da war keine. Die Henne musste über ihn geflogen sein. Er war vielleicht ein Meter fünfzig hoch. Nicht hoch genug. Ich setzte mich auf einen Stuhl und beobachtete die Herde. Nach ein paar Minuten setzte Hedwig zum Flug an und überwand die Absperrung mit Leichtigkeit. Und fand schnell Nachahmer. Verflucht und zugenäht. Die können einfach alle locker drüberfliegen! Was jetzt? Es gab nur eine

Möglichkeit, wenn ich kein Dach oder Netz über dem Gehege installierte. Ich musste den Hühnern die Flügel stutzen. Davon hatten doch die Kinder mal erzählt. Aber ich allein? Auweia. Ich musste zu Hause anrufen. Die anderen wussten bei dieser Thematik besser Bescheid. Ging aber nicht. Das Anrufen. Ohne Akku im Telefon. Ich könnte bei YouTube gucken. Wenn mein Rechner noch Akkuleistung hätte. Alles nicht nötig. Das kriegte ich so hin. Ich bin euer Vater! Ich wusste doch Bescheid. Wie war das noch? Man stutzt dem Huhn nur einen Flügel, damit es beim Fliegen sofort das Gleichgewicht verliert und quasi abstürzt. Oder gar nicht erst hochkommt. Eine lustige und fiese Vorstellung zugleich.

Ich holte die Heckenschere und merkte sofort: Sie ist etwas überdimensioniert. Des Nachbars Terrasse war unbevölkert. Dennoch fühlte ich mich beobachtet. Egal. Welche Schere war am besten geeignet für die *Operation Stutz?* Jetzt lagen Heckenschere, Astschere, Rosenschere, Geflügelschere, Haushaltsschere, Nagelschere und Bastelschere vor mir auf dem Tisch. Eine davon war die richtige. Aber welche? Die Haushaltsschere! Warum? Reine Intuition. So war ich. Nicht lange nachdenken, dem Instinkt folgen und dann einfach machen.

Ich holte mir Prilan. Mein großes Glück war ja, dass unsere Hühner, eine Mischung aus den Rassen Orpington und Lohmann braun, extrem zahm waren und nicht wegliefen. Beim Anblick der vielen Scheren schien sie dann aber doch etwas nervös zu werden. Dass meine Nervosität auf sie übersprang, ist eher unwahrscheinlich. Ich war ganz ruhig. Das Huhn saß auf meinen Oberschenkeln. Ich hielt mit einer Hand die Füße fest. Mit der anderen fächerte ich den linken Flügel auf. Und mit der dritten schnitt ich. Okay. Eine Hand fehlte. Ich nahm die Hand von den Füßen und griff damit zur Schere. Leichte Panik beim Huhn. Die dann auf mich überging. Geflatter und Gegacker. Die Krallen bohrten sich in meine Haut. Ich biss auf die Zähne und hielt sie mit Gewalt fest. Wie war das noch? Es gibt Deckfedern und Schwungfedern. Welche waren welche? Die langen waren die Schwungfedern. Die mussten ab. Beziehungsweise kürzer. Kürzer! Nicht ab. Ich zog den Flügel auseinander. Ganz ruhig. Ich setzte zum Schnitt an. Das Huhn zappelte. Die Krallen bohrten sich in Richtung Oberschenkelmuskel. Und mit allerhöchster Konzentration schnitt ich drei Federn in der Mitte durch. Dann ließ ich das zappelnde Huhn los.

Schweißgebadet sammelte ich die Federn auf, um mir daraus Indianerschmuck zu basteln. Witzig. Eher, um sie später den Kindern zu zeigen. Aber noch einmal schaffte ich das nicht. Dann musste ich doch ein Netz drüberspannen.

Am frühen Abend senste ich den allerletzten kleinen Rest des hohen Grases weg und legte damit wie angedacht den Stall aus. Mit dem frisch gemähten, zeckenreichen Gras.

Hühner fressen ja im Grunde den ganzen Tag. Zecken dagegen benötigen nur eine Mahlzeit. Und zwar eine Mahlzeit im Jahr. 94 Prozent ihrer Lebenszeit verbringen sie mit Warten. Eine Mahlzeit im ganzen Jahr! Eine irre Vorstellung. Was würde ich auswählen, wenn ich nur einmal im Jahr essen müsste? Eine schwierige Frage, die hier ohne Antwort bleibt. Stattdessen nun ein kleines Zeckengedicht:

Ixodida

Die Zecke ist klein,
sie klebt mir am Bein,
ich merke sie nicht,
weil sie mich nicht sticht.

Sie beißt und sie kaut
ein Loch in die Haut,
dann saugt sie so gut
sie kann von mei'm Blut.

Schon bald ist sie satt,
und dann fällt sie ab.

Die Zecke ist voll,
die Zecke ist prall,
die Zecke ist toll,
sie rollt wie ein Ball.
Ich ziele dagegen,
ich trete daneben,
ich trete darauf,
die Zecke platzt auf.

Es gibt einen Knall,
und nichts ist mehr prall,
und nichts, was sie rettet,
sie ist zu geplättet.

Das war ein extrem
bekloppptes Verseh'n.
Der Boden ist rot,
die Zecke ist tot.

Sie lebte vom Blut,
ihr Leben war gut.
Nicht lang, aber wild
und prall gefüllt.

Vor dem Abendbrot stellte ich ein Glas Mais in die letzten Sonnenstrahlen. So konnte er ein bisschen anwärmen. Ich wollte den Ofen heute mal nicht anschmeißen. Zu dem Mais gab es Toast, hart gewordene Flüssigbutter und Käse. Der Käse hatte wie ich den ganzen Tag gearbeitet. Zumindest war er ähnlich verschwitzt. Mitleidig schauten die Nachbarn zu mir rüber. Flitzpiepen.

Als ich zu später Stunde mein Geschirr mit kaltem Wasser und bei Kerzenschein spülte, macht sich plötzlich eine kleine Melancholie in mir breit. Ich war allein. Es war leise. Und es war düster. Ich musste an den Wendler denken. Was hatte der noch regelmäßig empfohlen auf Telegram? Um unabhängig und autark zu werden, bevor der große Reset respektive der große Blackout kommt? Er empfahl immer wieder haltbares Roggenbrot, den mobilen Wasserfilter, ein tragbares Notstromaggregat, einen Infrarot-Dörrautomat, eine Kurbel-Taschenlampe und ein Kurbel-Radio. Davon hätte ich jetzt gerne ein paar Sachen hier. Mit Strom würde ich nämlich Musik hören. Und tanzen. Zu Stromae. »Alors on dance«. Aber so war es ziemlich still.

Am vierten Tag meines Arbeitsurlaubs lud ich mein Telefon im Auto auf. Da hätte ich auch früher draufkommen können. Endlich hatte ich wieder Kontakt zur Außenwelt. Meine Frau schrieb, dass sie mit den Kindern morgen Nachmittag ankommen werde. Sehr gut. Für den Vormittag hatte sich der Elektriker angekündigt. Da war ja richtig was los morgen! Also schnell noch einkaufen. Ich bretterte in aller Ruhe mit dem Wagen in den dreißig Minuten entfernten *Intermarché*. Als ich ihn nach einer Stunde mit vollen Taschen wieder verließ, stieg mir ein anregender Duft in die Nase. Es war ein verbotener Duft. Ich kam nicht sofort drauf. Aber dann sah ich den Wagen eines Grillhähnchenstands. Mir lief sofort das Wasser im Mund zusammen. Ich hatte noch fast nichts gegessen. Hungrig einkaufen, das war natürlich ein Fehler. Aber ... was machte dieser Geruch mit mir? Ich dachte, noch bin ich allein. Es würde niemand mitkriegen. Ich würde danach alle Spuren beseitigen. Das ginge schon. Einerseits. Aber andererseits: Die Lebensbedingungen dieser Tiere waren mit Sicherheit unfassbar bitter. Im Vergleich zu den Umständen, in denen unsere Hühner lebten. Mit dem Kauf unterstützte ich diese Tierhaltung. Nein. Das wollte ich nicht. Auf gar keinen Fall. Ich war stark. Ich war so stark. Ich war selbst beeindruckt von meiner eigenen Stärke. Ich stieg ins Auto und fuhr zurück zum Haus. Dort legte ich die zwei Grillhähnchen auf einen großen Teller, öffnete eine Flasche Rotwein und trank einen tiefen schuldbewussten Schluck.

Gegenüber auf der Terrasse sonnten sich die Nachbarn. Die alten Arschgeigen. Ich holte Ketchup, Servietten und Toastbrot, trank ein weiteres Glas Wein aus, kleckerte ein bisschen auf meine Jogginghose und hatte plötzlich eine Idee. Ich steckte eine weiße Küchenschürze, den Ketchup, Latexhandschuhe und die Heckenschere in eine Tasche, ging zum Hühnergehege und zog mich dort um. Zwei Minuten später sah ich aus wie ein Metzger bei der Arbeit. Mit rotverschmierter Schürze lief ich anschließend nah an den

Nachbarn vorbei und faselte drauflos: »Bonjour. Bonsoir. Le poulet. Les poulets. Njam, njam, njam«. Dabei strich ich mir kreisförmig über den Bauch. Dann ging ich ins Haus, klapperte ein bisschen herum und trat mit dem knusprig braunen Geflügel wieder heraus. Die Nachbarn schoben ihre Sonnenbrillen hoch. Und wieder herunter. Und wieder hoch. Sie versuchten krampfhaft, das Gesehene einzuordnen. In arbeitstechnische und zeitliche Abläufe zu sortieren. Ich prostete ihnen zu und begann draußen mit den Fingern meine Mahlzeit. Ein herrliches Gefühl, wenn einem einfach alles egal ist.

Ein Hähnchen schaffte ich. Das zweite könnte ich ja morgen essen. Zum Frühstück. Oder es dem Elektriker anbieten. Ihm vorher die Hühner im Garten zeigen. Von wegen bestes Biohuhn und so. Und dann fünf Euro verlangen. Mal sehen. Ich war fertig, stand auf und sah an mir runter. Ich sah aus wie ein Schwein. Ich brauchte eine Dusche. Der Rotwein machte mich mutig. »Pardon. Je veux prend un douche. Mais, l'électricité est … äh, kapüt«, brabbelte ich durch die gekippte Terrassentür der Nachbarn, die sich anschließend wie von Geisterhand schloss.

Der nächste Tag war Wartetag. Wer nicht kam, war der Elektriker. Wohl keinen Hunger, der Gute. Damit versandete auch der Plan von der wohltemperierten Körperreinigung vor dem Eintreffen der Restfamilie. Und so schüttete ich mir wie jeden Tag einen Eimer Kaltwasser über die Rübe.

Die Ankunft meiner liebsten vier war dann herzzerreißend.

»Hallo, Papa.«

»Da seid ihr ja endlich.«

»Hallo, Papa. Wo sind die Hühner?«

»Im Garten natürlich.«

»Hallo, Papa.«

»Hallo. Lass dich drücken.«

»Papa, du stinkst.«

»Was?«

»Du stinkst!«

»Ich?«

»Ja, du. Du stinkst ganz schön doll.«

»Darf ich auch mal riechen? Iiiiiiieh!«

»Hast du dich die ganze Zeit nicht gewaschen?«

»Ja, das habe ich euch ja gar nicht erzählt. Wir haben keinen Strom.«

»Was?«

»Aber keine Sorge, der sollte schon längst hier gewesen sein. Der Elektriker. Der kommt bestimmt heute Nachmittag.«

»Ist denn der Stall fertig?«

»Na klar. Ich bin euer Vater!«

In den folgenden Stunden erlebte ich viele liebevolle und belehrende Momente.

Die Jüngste sagte irgendwann mitfühlend: »Papa, wenn man zu zweit das Flügelstutzen macht, dann wird es auch richtig gut klappen.«

Die Mittlere meinte: »Otti hat total abgenommen. Die gluckt. Hast du das nicht gemerkt? Wir müssen die sofort isolieren.«

Der Sohn machte allen Ernstes Rührei auf dem Ofen, um den futtermäßig zu kurz gekommenen Hühnern ein richtig leckeres Mahl zu servieren.

Und meine Frau wusste: »Die Hühner dürfen übrigens keine Nachtschattengewächse, also auch keine rohen Kartoffeln zu fressen kriegen. Ich meine nur, weil da ganze rohe Kartoffeln im Gehege liegen.«

»Alles klar«, gab ich mich einsichtig. »Ich bin ja hühnermäßig noch eher am Anfang. Ein Anfänger. Aber dass ihr mich habt alleine fahren lassen mit denen ... Respekt.«

Und dann kam er endlich. Der Elektriker. Ein junger, freundlicher Franzose. Der wie fast alle Franzosen kein Wort Englisch sprach. Was für Honks sind doch die Franzosen. Wie kann man denn kein Englisch können? Unfassbar. Wir dagegen sprechen kaum ein Wort Französisch. So what? Und selbst wenn, das gelernte Schulfranzösisch hat mit dem Dialekt der Sch'tis eigentlich gar nichts gemeinsam. Dank der Übersetzungs-Apps klappte die Verständigung trotzdem irgendwie. Als er nach zwei Stunden mit allem fertig war und seine Sachen eingepackt hatte, tranken wir eine Tasse Kaffee zusammen.

Als er fertig war mit der Einarbeitung des neuen Stromzählers und seine Sachen gepackt hatte, da wollte ich ihn noch zu einer weiteren Höchstleistung animieren. Das habe ich so schon oft gemacht mit Freunden und Bekannten. Also bat ich ihn, ein Ei in die Hand zu nehmen und so feste zu drücken, wie es möglich ist. Wir machten es vor. Die Kinder nahmen der Reihe nach ein Hühnerei in die Hand und drückten so feste sie konnten. Über einem Teller für den Fall des Zerdrückens. Dann meine Frau. Und dann ich. Ungläubig und irritiert nahm er das Ei. Er war vielleicht dreißig Jahre alt. Sportlich. Kräftig. Zuversichtlich. Und wie bei allen anderen konnten wir das gleiche Schauspiel beobachten. Wir lasen seine Gedanken: *Ich soll jetzt das Ei zerdrücken. Und das soll nicht gehen? Warum das denn nicht? Ist das vielleicht ein Stein? Warum wollen die das? Ist das ein Trick? Wollen die sich lustig machen? Bin ich am Ende der Dumme? Ein Ei zerdrücken? Jeden zweiten Tag schlage ich mir so ein Ei in die Pfanne. Und jetzt soll ich nicht in der Lage sein, es mit einer Hand zu zerdrücken? Sind die bescheuert? Was sind das überhaupt für Freaks?*

Und dann wird gedrückt. Erst vorsichtig. Dann fester. Die Hand wird über den Teller gestreckt. Weil es gleich zerbrechen könnte. Ungläubig wird in die Runde geschaut. Und irgendwann ist der Ehrgeiz geweckt. Und es wird, so feste es geht, zugedrückt. Das Ei liegt in der Handinnenfläche, die zweite Hand greift um die erste und drückt zusätzlich zu, dann auch die dritte … aber die Eierschale hält. Dann gab er auf.

Ich nahm ihm das Ei ab, schlug es am Tellerrand auf – als Beweis für seine Echtheit –, und wir lachten.

Diese Vorführung über die wundersame Widerstandskraft der dünnen Eierschale, die immer stärker wird, je vehementer sie von allen Seiten bedroht ist, ist mit das Beeindruckendste, was man einem Hühnerskeptiker entgegenhalten kann.

Am Ende gaben wir ihm einen Sechserkarton Eier mit und sahen in seinen Augen Dankbarkeit und Erlösung. Die Dankbarkeit über dieses seltene Trinkgeld und die Erlösung darüber, diese verrückten Hühnerfreunde endlich verlassen zu dürfen.

Ja, so war das. Oder so ähnlich. Wie heißt es so schön: Alles ist autobiografisch. Auch das Ausgedachte.

Der letzte Abend

Am letzten Abend unseres fünfwöchigen Aufenthaltes durften die Kinder noch einen Film gucken. Ich ging mit meiner Frau an den Strand. Es war windstill und warm. Wir redeten nicht viel. Ich musste an das Lied »Immer mehr« von Reinhard Mey denken, in welchem er seine immer noch währende Liebe zu seiner Frau besingt. Es hatte mich schon oft an mich und meine Frau erinnert. Seit zwanzig Jahren waren wir jetzt zusammen. Und seit zehn Jahren verheiratet. Was für eine lange Zeit. Und nun saßen wir auf einem Holzstamm und schauten auf Wasser, während mein Arm auf ihrer Schulter lag. Wie romantisch. Aber Rumknutschen war nicht mehr. Das hört irgendwann auf. Wann eigentlich?

»Bald ist die Zeit länger, in der ich mit dir zusammen bin, als die Zeit ohne dich«, sagte sie plötzlich.

»Ja? Wahnsinn«, erwiderte ich.

»Ja, oder?«

»Das ist aber kein Vorwurf, oder?«

»Nein. Einfach nur eine Tatsache.«

»Gut.«

»Bald kommt der Tag, an dem du mehr als die Hälfte meiner Lebenszeit mitbestimmst.«

»Ein bisschen so wie der Kipppunkt, an dem die Menschen bereits viel zu früh die Ressourcen der Erde für ein ganzes Jahr verbraucht haben.«

Sie lachte. Das ist immer noch das Schönste. Wenn ich meine eigene Frau zum Lachen bringe. Nach all den Jahren.

»Meine Mutter sagt ja immer: Denkt daran, die Zeit ohne Kinder im Haus ist viel länger als die Zeit mit Kindern«, zitierte ich eine Erkenntnis, die mir bisher immer unglaubwürdig erschien.

»Das kommt natürlich drauf an. Wann sie ausziehen …«

»Vielleicht erst mit vierzig.«

»…wie alt du bist?«

»Ich bin fünfzig.«

»… ob sie nur ein Haus weiterziehen und jeden Tag bei dir essen wollen.«

»Und ihre Sachen gewaschen haben wollen.«

»Und jeden Abend in ihrem alten Zimmer schlafen wollen.«

Wir schwiegen wieder. Ein vertrautes schönes Schweigen. Mir schwirrten Zahlen durch den Kopf.

»Wir sind jetzt seit zwanzig Jahren zusammen. Seit zehn Jahren verheiratet. Ich bin fünfzig. Und du vierundvierzig.«

»Ganz schön viel.«

»Das sind zusammen einhundertvierundzwanzig.«

»Was?«

»Zwanzig plus zehn plus fünfzig plus vierundvierzig sind zusammen einhundertvierundzwanzig.«

»Du hättest Mathematiklehrer werden sollen.«

»Sehr witzig.«

»Danke.«

»Weißt du eigentlich, was auf dem Grabstein eines plötzlich verstorbenen Mathematiklehrers steht?«

»Nein.«

»Das steht: *Damit hat er nicht gerechnet.*«

»Sehr witzig.«

»Danke. Aber weißt du, worauf ich hinauswill?«

»Nein.«

»Es geht um unsere Einhundertvierundzwanzig.«

»Unsere?«

»Es gibt Berichte darüber, dass der älteste Mensch der Welt genau einhundertvierundzwanzig Jahre alt geworden ist.«

»Ja, und?«

»Das ist doch kein Zufall.«

»Nein?«

»Nein.«

»Aha.«

»Und weißt du, was das heißt?«

»Na ja. Das heißt, dass er sehr, sehr alt geworden ist.«

»Ja. Und das heißt auch, dass ich noch maximal vierundsiebzig Jahre lang leben könnte.«

»O Gott.«

»Und du noch achtzig.«

»Himmel. Was mache ich so lange?«

»Keine Ahnung. Du könntest von hier nach England schwimmen. Und wieder zurück. Und wieder hin. Jahrelang.«

Wir lachten.

Hinter England ging jetzt die Sonne unter. Das Schauspiel erinnerte ein bisschen an ein goldenes Spiegelei. Ich schaute meine Frau an. Was würde ich nur ohne sie machen. Ohne sie. Ohne die Kinder. Ohne die Hühner. Ich weiß es nicht. Dann schaute sie mich an. Und ich war glücklich.

Danksagung

Mein zentrales Dankeschön widme ich Jana Runde für ihre exzellenten Ideen, Anregungen und Sichtweisen, die den Entstehungsprozess dieses Buches bis zum Schluss flankiert haben. Dein Streben nach organisatorischer Klarheit, disziplinierter Lockerheit und guter Laune ist das, was meine Humorarbeit so schön am Laufen hält!

Ich bedanke mich natürlich auch bei meinen beiden Kumpanen Daniel Müller und Michl Schöbinger für die hairvorragende technische und menschliche Betreuung und Begleitung auf unserer Tour de bonne humeur. Eure Gesellschaft vom Frühstück bis zur Mitternachtspizza zeigt mir immer wieder: Es ist nicht wichtig, wo du arbeitest, sondern mit wem.

Ich danke meinem Verlag Bastei Lübbe, insbesondere Sabine Niemeier und Ramona Jäger für die ausgezeichnete Zusammenarbeit am nun schon zweiten Buch. Und in diesem Zusammenhang auch Danke an Oliver Forsbach von Kursiv für die wunderhübsch verkrakelte Gestaltung des Buch-Covers.

Ein Dank geht raus an den ausnahmsweise eingerichteten Zimmerservice im Hotel Papa Rhein, in dem ich für fünf Tage eingemietet war, um das Buch zu Ende zu schreiben.

Dankbarkeit empfinde ich auch gegenüber der Papierbranche, die trotz aller Widrigkeiten zuverlässig und pünktlich abgeliefert hat. Respekt meine Damen und Herren!

Ebenfalls danke ich unseren fünf Hühnern, die uns in den letzten zwei Jahren ungeahnte lustige und nicht so lustige Geschichten haben erleben lassen, die in diesem Buch genüsslich verbraten wurden. Ei ei ei.

Und der allergrößte Dank gilt natürlich meiner Familie, die die Grundlage für alles ist, was mein Leben so lebenswert macht. Mein großer Sohn, meine mittlere Tochter, meine jüngste Tochter und meine Frau sind der Grundstein – nicht nur – meines humoristischen Seins. Meine Liebe zu euch ist ohne Grenzen. Und ohne euch wäre dieses Buch auf jeden Fall ... viel zu dünn.